告别刺猬

POWER RELATIONSHIPS

26 Irrefutable Laws for Building Extraordinary Relationships

结交朋友、扩大交际圈
培养终生客户的 26 条法则

安德鲁·索贝尔　Andrew Sobel
杰罗德·帕纳斯　Jerold Panas

中国青年出版社　CHINA YOUTH PRESS

图书在版编目（CIP）数据

告别刺猬：结交朋友、扩大交际圈、培养终生客户的26条法则 /
（美）索贝尔，（美）帕纳斯著；文赫，于明超译.
—北京：中国青年出版社，2016.1
书名原文：Power Relationships: 26 Irrefutable Laws for Building Extraordinary Relationships
ISBN 978-7-5153-3950-4

Ⅰ.①告… Ⅱ.①索…②帕…③文…④于… Ⅲ.①人际关系 – 通俗读物 Ⅳ.①C912.1-49

中国版本图书馆CIP数据核字（2015）第270019号

Power Relationships: 26 Irrefutable Laws for Building Extraordinary Relationships
by Andrew Sobel, Jerold Panas
Copyright © 2015 by John Wiley & Sons, Inc.
Simplified Chinese translation copyright © 2016 by China Youth Press.
All rights reserved.

告别刺猬：
结交朋友、扩大交际圈、培养终生客户的26条法则

作　　者：〔美〕安德鲁·索贝尔　杰罗德·帕纳斯
译　　者：文　赫　于明超
策划编辑：麦丽斯
责任编辑：肖　佳　庞冰心
美术编辑：李　甦
出　　版：中国青年出版社
发　　行：北京中青文文化传媒有限公司
电　　话：010-65511270/65516873
公司网址：www.cyb.com.cn
购书网址：zqwts.tmall.com　www.diyijie.com
印　　刷：北京慧美印刷有限公司
版　　次：2016年1月第1版
印　　次：2017年10月第2次印刷
开　　本：880×1230　1/32
字　　数：150千字
印　　张：8.25
京权图字：01-2014-5222
书　　号：ISBN 978-7-5153-3950-4
定　　价：39.00元

人际关系在人的一生中非常重要，它就是一切。在工作、家庭以及其他人际圈中，人际交往以各种各样的方式影响着我们的生活，贯穿了我们的整个人生。本书献给所有想要体验人际交往中的惊奇和魔力的人们，以及想要建立长远、持久、牢固人际关系的人们，愿本书带给你圆满和成功。

做刺猬太久了，会让身边人都走远的。

Praise fou Power Power Relationships

·

对本书的赞誉

建立人际关系有很多不同的方式：困境、善意、运气、计划以及谦逊都有着各自的作用。安德鲁和杰罗德作为该领域的权威专家，以他们独特的风格阐释了如何营造长久、共赢的人际关系，既实用又不乏趣味性。

——温·比肖夫爵士，劳埃德银行集团董事长，曾任花旗银行董事长

本书在如何赢得更多朋友方面列举了很多实用的例子并提供了完美的建议，阅读过程让人很享受，效果立竿见影。建议全世界致同国际会计师事务所的所有同事都能读一读此书，希望所有对手都读不到。

——艾德·纳斯鲍姆，致同国际会计师事务所首席执行官

杰罗德和安德鲁写了一本解开交际之谜的书。人际交往主宰了我们的个人世界和所做的一切，凝聚了我们对人生的热情，无论是和家人、同事还是客户。这本书是有关这个主题写得最好的书，我希望我的员工们人手一册。

——马克·卡明斯，斯克提生活金融机构主席兼CEO

希望每个人都能读到这本书，世界会因此变得更好。此书引领的是一种方式，同时证明了如果商业仅仅依靠利润，那么所有的事情都要通过战斗解决。答案请在本书中找。

——艾伦·哈森菲尔德，孩之宝玩具公司前董事会CEO兼总经理

杰罗德和安德鲁在一个基本事实的基础上添加了一些真实的东西，那就是成功取决于人与人之间的关系。两位作者在书中例数并循循善诱地阐释了26条交友法则，假如一个人对这些法则有了一定的了解，就可以在销售、管理、服务和个人成长方面精益求精，书中很多为了说明主要观点的小故事都是阅读时的亮点。

——理查德·厄克曼博士，独立大学委员会主席

如果你相信做生意应该完全是关于客户的，就一定会发现这是一本真正有用的书，它清楚地说明了如何与你最重要的客户以及潜在客户创造双赢局面。

——弗朗西斯科·瓦尼·阿尔卡菲，花旗银行花旗控股集团CEO

我热爱书中传授的法则，而这些法则中蕴涵的智慧正是基于人们目的清晰又无穷无尽的好奇心，遵循这些法则会给你带来好运。我还会向我的孩子们推荐这本书，因为里面蕴藏着许多重要的经验。

——史蒂夫·托马斯，

全球最大征信局Experian（益博睿）全球销售事业部总裁

联系越容易，沟通越容易。我给 IGA 大型连锁超市的忠告正是这一条，我们在全球 21 个国家有 6000 多个连锁店为消费者提供服务。IGA 的所有员工感谢本书作者杰罗德·帕纳斯和安德鲁·索贝尔，为我们提供了 26 条非常宝贵的人际交往法则，此书在我们与几百万购物者的沟通和合作中也能提供巨大帮助。

——托马斯·S. 哈该，IGA大型连锁超市董事长

读完前几章我就已经入迷了，这是多么简洁的一本书！作者通过引人入胜的小故事提供了精彩的见解，我们的 ZS 咨询公司里最优秀的员工就是在用书中的一些法则处理人际关系。我们公司能从这些实用建议中获益，任何关注客户和消费者的人也同样可以。

——Jaideep Baja，ZS咨询公司董事长

不要感到困惑。这本书并不是在讲权力，而是在讲述如何建立能经受时间考验的友谊，书中耐人寻味的建议可以运用在生活中的方方面面。

——迪克·迪威尔斯，

Windquest墨西哥投资管理集团董事长，安利集团前CEO

马克·吐温曾经说过："具备常识本身就是一种与众不同的特质。"安德鲁和杰罗德在整本书里都在阐释这个理念，讲述的方法是让故事和道理围绕人与人的交往展开。就像所有伟大的教练一样，这两位经验丰富的作者为我们的人生之旅做好了准备，无论是即将进入大学的

青少年还是已经身经百战奋斗过的勇士都能从中受益。请买下这本书，一次小的投资将带来巨大的回报。

　　　　　　　　——丹尼尔·M. 该隐，该隐兄弟投资公司创始人和董事长

充分体验过人生的人才能深入探讨人际交往这个话题。安德鲁·索贝尔和杰罗德·帕纳斯各自都有丰富的人生阅历，他们明白真正的力量是要赋予其生命的。在人们有困难的时候来到他们身边，倾听他们，肯定他们的天赋然后鼓励他们向前进。本书是写给想要生活得更充实的人，写给愿意接受挑战和变得勇敢的人，写给那些明白分享彼此的体验才是有意义、完整的人生的人。

　　　　　　　　——尊敬的弗兰克·S. 考文尼，弗罗里达州第四任主教

这是一本必读书，读者群不局限于公司员工或者商业人士，值得每个人阅读。安德鲁和杰罗德在书中传递的信息和实用建议非常振奋人心，而且有助于塑造人的性格，叙述的角度让阅读变得更有趣味性，每一个章节都包含着基于真实经历的寓言故事。丰富多样的个人逸事能给人经验教训，让人惊喜，对那些把力量当作克服困难的工具的人更是如此。力量在本书中还有另外一个含义：实现目标的一种方法。我会把这本书推荐给朋友圈里的所有人，包括同事、领导、有理想的专家人士。

　　　　　　　　——弗兰西斯科·吉尔·迪亚兹，比森特·福克斯总统时期的财政秘书，

　　　　　　　　以及西班牙电话公司墨西哥&中美洲事业部董事长

我很高兴看到安德鲁和杰罗德深入人类关系方面的研究，并且把工作和生活中的关系放到最前沿。打造牢固人际关系的 26 条法则阐述了一些非常精彩的想法，从第一条法则强调倾听和进行重要谈话，到最后一条法则讲述慷慨及其奇妙作用，这些想法旨在帮助企业和个人变得大胆，具有创新能力和执着。本书能帮助你把人际交往的原则应用于你的日常生活。

——杰米·桑提班尼兹·安东尼格，IMPULSA/世界青年成就组织CEO

Power Relationships

·

目录

第一章

见到500强CEO，这样沟通最有效

下面将会介绍26个黄金制胜法则，帮助你建立强大的人际关系。这些职业关系和个人关系中包含了信任、忠诚、尊重和慷慨，能够促进你的事业发展，并让你获得深深的个人成就感。这些法则的适用范围没有限制，而且都经过经验和常识的考验。

这些法则是基于丰富的研究得出的，我们与高级主管和人事部门进行了上万次的面谈，讨论了职业人际圈中的要素，我们还与在商业和非盈利领域取得巨大成就的人进行过无数次对话，书中提到的法则都是我们根据过去30年来所著的超过25本书中筛选出来的。

这些法则会引领你与他人用一种你从未想过的方式交往，拥有长久的友谊，在工作和职业中取得胜利，以从未有过的方式沟通。学习这些法则，并充分利用它们，遵照执行，成效显著。

下面是第一条黄金法则。先讲一个我们的朋友比尔·詹金斯的故事,某天早上他被一通电话叫醒,而命运也就此发生改变。

比尔是一个知名公司的合伙人,他阳光、随和,拥有顶尖学府的两个理工科学位。比尔告诉我们,过去他和顾客就只是点头之交,大多关系一般,但是事情发生了改变。

两年之内,比尔一跃成为公司里呼风唤雨的大人物。他之所以完成如此大的转变是因为他摒弃了以前和客户交往的老想法,开始遵循一系列新的"交际法则"。

"我有一位纽约的客户,"比尔向我们解释,"他曾是一家大型跨国企业的区域经理,我一年要见他三次。一天,我正要离开他的办公室,他的助手德博拉将我拉到一旁。我一手拿着公文包,另一只手里拿着一堆PPT讲义。

"'你知道,'德博拉说,'老板和你的交谈很愉快,你应该常来。'

"'是吗,很高兴他喜欢和我见面。'我告诉德博拉,'我确实常来,而且我们确实为这些会面做了精心的准备。'我看着自己随身带着的厚重PPT文件夹,点点头。

"德博拉朝四周看看,以防周围有人偷听。'你的对手们来得更勤。'她现在刻意压低了嗓音说。

"'谢谢提醒,'我告诉她。'但是我真的觉得我们关系很好,我还给你的老板带来了许多精品分析。'我再一次摇摇PPT的讲义想吸引她的注意力。

"然后她靠向我，低声细语，好像在讲一个惊天秘密：'我必须告诉你，老板亲口跟我说，他把观看那些PPT看作是和你好好交谈要付出的代价！'

"当时我简直目瞪口呆，我开始思考所有我带进客户办公室的PPT！"

"然后呢？"我们问比尔。

"关于这次会面我认真反思了很久，然后开始改变和CEO以及经理们的相处方式。我开始增加拜访他的次数，会面有时更加随意和私人，午餐时间或者早上喝杯咖啡都可以。

"我开始更加关注他的日程表，包括他的个人计划和目标，因为我现在见他的机会更多了，这样我就参与了他的生活，而且也能让他每天面对的挑战更有价值。

"我依然为我们的会面做准备，但是我不会再准备那么多幻灯片了，我开始为他的整体职业挑战和发展机遇贡献更多的想法。

"了解了他的公司所面临的其他问题，我就能够把其他同事介绍给他同时扩大我的业务辐射面。CEO们逐渐看重我的坚定，以及为他们的公司发展战略带来的贡献，不再认为我只会做些运营分析。我和客户的讨论范围更广，而且都认为共处的时光也更加愉快。"

"两年之内，"比尔告诉我们，"这就成了为我公司带来最大收益的客户之一。我再也没有使用之前的风格——那种只讲事实和数据的风格，一次都没有。事实和数据或许是你工作中很重要的一部分，但是它们无法让你建立最亲密的人际关系。"

"你最深刻的见解是什么？"我们问他。

"那天，我意识到了以下这点：你是通过强有力的对话建立关系，而不是向另一个人炫耀你懂得多少，之前我以为客户看重一些东西的那些想法是错误的。"

比尔的经历印证了我们观察很多年的事情，你的举动会因为内心对于什么能建立良好人际关系的假设产生巨大影响，而你的一些假设可能是错误的。

然而遵循正确的法则才能建立重要的交际圈，你可以和客户、同事、家人、朋友甚至重量级人物发展深入的关系，你会拥有许多重要的人际关系。比尔·詹金斯做到了，你也能。

比尔为我们提供了本书的第一条人际交往法则：牢固的人际关系是建立在有价值的对话上，而不是一个人在向另一个人炫耀自己知道多少。

如何将第一条法则应用于实践

"牢固的人际关系是建立在有价值的对话上，而不是一个人在向另一个人炫耀自己知道多少。"

抑制自己想要给他人深刻印象的渴望，改进你的谈话内容，然后你的交际圈也会扩大。使用以下5个策略：

1. 评估你现在进行的谈话，有多少达到了强大的标准？例如，你的谈话内容是否对你和他人有帮助：

- 是否反映并强化了你的观点？
- 是否促进了你对一个问题或挑战的理解？
- 是否让你们更了解彼此？
- 是否让你和对方受到触动或有成就感？
- 是否让谈话充满能量以及让人想继续谈下去？

2. 停下滔滔不绝的演示，把每一次给客户或给老板的展示都变成一次交换意见的过程。每隔4~5分钟就暂停一下，以便让听众更好地理解，而且也可以互相探讨。

3. 开始真正地倾听和回应。如果你能提出有深度的问题，对方便知道你确实在倾听刚才他的谈话。总结和肯定，分享相似的实例，表达相同感受，这些都表明你在倾听。

4. 使谈话充满热情和情感，不要只罗列事实和分析。提问"您觉得这方面怎么样"以及"您怎么看"？

5. 确保你谈论的内容始终切题，不要害怕向对方提问，"在您看来，我们现在应该讨论什么呢？"

第二章

机会是创造出来的：如何大胆跟大咖"搭讪"

"您好，请佩尼先生接一下电话。"

下一秒钟詹姆斯·凯希·佩尼(下面简称"J. C . 佩尼")接起了电话。正是那个J. C. 佩尼，上世纪最伟大的商人之一，同时还是美国最大零售商的创始人，我居然在和他通电话！

稍后我再谈论电话的内容。首先，我来解释下这通电话的由来。

我当时20岁出头，俄亥俄州联合商会让我负责他们的年会。对于他们来说，如此信任一个年轻人并委以重任是一个相当大胆的举动，我的职责之一就是为这个年会找一个主题演讲嘉宾。

一年前，商会的年会吸引了600位听众。为了表明我对工作的执着，同时给领导们留下好的印象，我希望能吸引750位听众。我知道如果演讲嘉宾非常知名，就会达到这种效果。

我刚刚读完J. C. 佩尼写的一本书，彻底被打动了，因此我给佩尼百货的经理埃德·阿润丝打了电话。

"埃德，你觉得有没有可能让J. C. 佩尼在联合商会的年会上做演讲呢？你愿意给他打电话联系吗？"

"不会，完全不可能。请不要再给我打电话让我联系他了，我都不好意思打这个电话。"

所以我就如你所想的那样去做了，我想靠自己完成。我亲自打了电话，现在你知道开头那通电话是怎么来的了吧，对话是这样进行的：

"佩尼先生，我刚读完您写的《一个商人的随笔》（*Jottings from a Merchant's Daybook*），让人入迷。以我的了解，您是不会在一个问题还未发问的时候就拒绝回答的吧，我说的对吗？"

"那是必然的！"

"我也是这么想的，佩尼先生，俄亥俄州联合商会要开一个年会，由于这边的主干道上有贵公司的百货大楼，我们迫切希望能请到您来做演讲嘉宾，您是我们心中的不二人选，我还会邀请整个镇的人来听您的演讲。"我的声音听上去很自信，心却跳个不停。

"我愿意参加，"他说，"什么时候？"

我告诉他日期，他确实来了，然后我们也的确吸引了整个镇上的人来，来了将近1000位听众。

这通电话，还有这次年会，让我和佩尼一直保持着联系。这次的事件改变了我的人生，详情我还会进一步解释，但是首先，是经验。

这就是人际交往的第二条法则：不要害怕提问。我能做到，你也可以，遇到一个对的人可以永远改变和充实你的人生。

回到年会现场，不得不说这次年会取得了巨大成功。年会结束后，我得到了这位86岁老人的图书的精美签名本，我们卖了将近200本书。

在离开讲堂时，我们互相道别。佩尼给我的临别赠言是："我多么希望你是一个佩尼人。"我认为这是J.C.佩尼给人的最高赞誉。我简直不是走着去开车的——我已经飘起来了。

从此以后，我和佩尼先生一直保持着联络。每次我去纽约，我们都会一起吃晚饭，当时他的妻子去世了，所以他似乎很乐意见到我。

这段友谊不断发展，他让我感受到了从未有过的爷孙情。他喜欢给我讲他在怀俄明州开的第一家商店，以及它是怎样不断发展开了第二家。另外，他还常常谈起他的母亲，他说母亲是他最大的力量来源。

他乐此不疲地给我提出建议，他最喜欢说的是："努力工作，就像它是你赖以生存的东西。"事实也确实如此。

我接到佩尼先生的管家打来的电话时才意识到他已经91岁了，"佩尼先生昨天在浴室的地板上滑到了，现在人在医院，我觉得他希望我通知你。"当然，我立刻去探望了他。

再见到佩尼先生时已经过了很多年，他很虚弱，没有说话。那一刻我永远不会忘记，我坐在他的病床旁边，他时不时会睁开眼睛，我确信他并不知道我是谁。我抓住他的手，眼前这个男人俨然就是我的祖父，我的英雄。

他仍没有恢复意识，我准备离开。但我停下了脚步，因为佩尼先生似乎想告诉我什么，他的嘴唇颤动。

我俯下身子去听，声音微不可闻，我离得更近些，听到他在低语："我想你已经成为了一个佩尼人。"

名望、财富和权力可能会成为你和某个想见的人之间不可逾越的鸿沟，首先要踏出第一步，然后随着时间不断培养这段关系。使用第二条法则：大胆提问。

如何将第二条法则应用于实践

"大胆提问。"

当面对自认为不可逾越的人际距离时，你可以采用以下几个步骤开始缩短这个距离。

1. 你想和谁建立联系呢？一个知名的企业家？你所在领域的一个有思想的领导者？一个CEO？大胆些，列一个表。

2. 在每一个名字旁边，写下那个人为什么会愿意帮助你。

3. 现在就行动，开始联络你名单上的人。有许多方式能与他们取得联系，有一些CEO会立刻回复邮件，也可以尝试打电话联络。

4. 社交媒体为了我们提供了联络杰出或知名人士的新机会，你可以从关注他们的微博或博客开始，留下评论。慢慢他们会熟悉你的名字，之后他们就会接你的电话或回复你的邮件。

5. 不要因为被拒绝就放弃，成功人士最敬佩的就是坚持。多试几次，也许第三次你就会取得对方的同意。

6. 不要咄咄逼人，打扰或冒犯别人。如果尝试几次都不奏效，那就休息一下！

7. 如果你成功联系上这位名人，提一些对方重视的事情，也许是他们写的东西，或是他们引以为豪的成就。

第三章

不要低估身边的每一个人

如果你有法律方面的问题，请找凯瑟琳，她是律师中的律师。凯瑟琳机智聪明，经验丰富，面对危机沉着冷静。凯瑟琳也曾身陷困境，但能够从高处审视这些危难，每一桩案件，从总体框架到个中细节都逃不过她的法眼。

那么问题来了，像你我这样的普通人可能付不起凯瑟琳的律师费。她拥有一间大型国际律师事务所，是一个成熟的合伙人。她配得上所收的每一分钱，不过这账单可谓天价，想支付给凯瑟琳的服务资金一定得备足，这样几乎就把合作领域缩小到需要把赌注押在商业决策上的大型合作者。

还有一件事，在成为律师事务所的成熟合伙人之前，凯瑟琳曾在全球最大的公司之一做法律顾问，这个职位既有职权又很重要。对于绝大多数人来说，这个职位将是辉煌职业生涯中最值得称赞的一笔，因此很多人称赞凯瑟琳有"街头信誉"——这是一种在纷乱的商业世界中靠智慧生存得到的信誉。

我和凯瑟琳一起吃早餐，想得到一些免费的建议，不是关于法律，而是关于人际关系。

"凯瑟琳，"我说道，"你是一个有实力的合伙人，需要和大公司的法律顾问搞好关系然后把你们的法律服务卖给对方。但在几年前，你还只是一个法律顾问，现在却在雇佣来自全世界律师事务所的律师。"我停顿了一下，"那么你能告诉我坐在桌子另一边是什么感觉吗？"

凯瑟琳停下用餐，把目光从炒蛋转移到我这里，我想我看到了她的一丝笑意。

"升职之前，我是公司法律顾问代理人，尽管这个职位有职权，但是外面与我们合作的律师事务所以及其他类型的咨询公司，都想和法人代表，也就是我老板直接对话。他们总是忽略我，认为是老板在做决定，因此那些咨询公司会投入一切来维护和老板的关系，看待我则更像是一个无关紧要的人。"

我能看出事态是如何发展的！

凯瑟琳继续说："公司宣布我成为法律顾问那天，报纸上刊登了这条消息。我的办公室里来自全国各大律师事务所的人打来的电话此起彼伏，他们都觊觎着我的事业，我一下子就成了名人。"

我已经完全忘记了自己的法式吐司，全神贯注地听着。

"你知道我对那些致电的一流法律公司说了什么吗，那些从未费神跟我建立联系的公司？"她顿了顿，静得都能听到针掉在地上的声音，"我礼貌地问他们每一位，'各位5年前都干吗去了？'"

嘭！

很多专业人士问我，"怎样才能和CEO以及其他行政经理建立更多联系？"最佳答案是第三条法则：交往要看人，而不是职位。交朋友要选择那些聪明、上进、风趣、有雄心的人，即使他们现在的职位还不重要，也请一直陪在他们身边。

众所周知，真正职位高的人，那些身处所在领域最高职位的人，都会多年随身带着他们的顾问，然而在这些顾问取得巨大成功之后，想要打进他们的内部朋友圈几乎是不可能的，这个任务可不简单。

看看美国总统是怎么做的，赢得大选后，他们首先任命谁为他们管理团队的核心人物？他们会在全国广泛寻找聪明又有能力，但是他们从未见过的人吗？不会！他们会把自己了解和信任的人编织成紧密的关系网，他们把这些领导竞选运动并在其他岗位上为他们献计献策的人安置在真正重要的位置。

无论你是20岁还是50岁，你都认识会获得成功的有趣之人。跟着他们，与他们保持联系，随着时间流转你们的交往会不断深入，最终会有丰厚的成果。你不仅会得到他们的帮助，更重要的是你也会对他们的成功产生难以磨灭的影响。

不要只专注于和高级经理以及事业处于巅峰的成功人士交往，也要去寻找处于上升期的人。

　　意识到这一点，你最终会认识少数位高权重的人。如果你是按照上述原则建立人际关系，而且你还是个后来者，那么这段关系就会非常不同。你们会一起分享过去，在彼此的陪伴下得到放松，会得到老友般的对待。

> 黄金法则第三条会确保你今天交到的朋友会是明天的强大人物：交友要看人，而不是看职位。

如何将第三条法则应用于实践

"交友要看人，而不是看职位。"

别再等了！再过5~10年，你的交际圈会更加难以打开。

- 列出你认识的12~15个还没有成功或者还未达到事业顶峰的人，挑出那些充满热情、动力和才华的人。

- 确定这些人的3~5个目标和首要任务。了解这些，想想你怎样能最恰当地为这段交往带来价值。

- 时不时地与这些朋友联系，以下几条建议会在你们联络时增加价值。

  1. **想法和内容**　为这些朋友贡献想法、建议、观点、文章、书籍等等，总有一样会让他们感兴趣。

  2. **联系**　当你把某些重要联系人介绍给你关系网里的其他人，你就会带来很大价值。

  3. **互帮互助**　如果这些人刚搬到一个新地方，会不会需要有人给他们带路找到学校和医生？你能提供一些职业上的建议吗？你还能帮什么忙？

  4. **幽默**　你会邀请这些人一起吃饭，参加体育或文化活动，或者一些你们两个人都享受的内容吗？

- 安排好你要与人保持联络的活动，把这些内容都记录在日程里，这样每个月你都会有两三次联系和帮助这些朋友的机会。

第四章

找到你人生中的伯乐

我只遇见过一次沃尔特·韦尔斯利·史密斯。

我怀疑世上只有他母亲一人叫他沃尔特，众所周知，他的名字是莱德·史密斯，是史上最出色的体坛专栏记者。

我们是在史密斯工作的《纽约论坛报》的办公桌前见面的，有一位叫安德伍德的打字员，还有一沓厚厚的白纸、一瓶胶水和一些红色铅笔。

与莱德·史密斯的交往是我人生的亮点之一，但这是另一回事。我想谈论的是我们之间的对话，都是有关交际的。

莱德在威斯康辛州的绿色港湾小学上学的时候，阿德莱德·布莱肯瑞琪是他的指导教师，下面这个故事我将尽可能回忆起来并讲述给你。

"布莱肯瑞琪老师是我们的指导教师，而且是我五年级的英语老师，她很严格，总让我努力学习。

"我记得有好多次她都告诉我：'莱德，你很有天赋，但你并没有展现全部的潜力。长大后你一定可以有杰出的表现，所以现在需要更努力一点。'

"似乎每次她有机会，就会告诉我她对我有多么高的期待，她会告诉我，我有成为优秀作家的潜质。

"接着我上了初中，布莱肯瑞琪老师已经在那里和我的新指导老师在聊天了，课程开始之前布莱肯瑞琪女士让我过去和她们一起聊天。

"布莱肯瑞琪老师告诉我的指导教师，她觉得我是一个很有希望的学生，特别有希望成为一名作家。她希望新的指导老师能够照顾我，更希望新老师可以关注我并且不断给我动力。

"时不时地我会收到来自布莱肯瑞琪老师的便条，因为老师想让我知道我在做什么，以及我是否在认真工作，她的便条充满了鼓励的话语。

"当我进入高中的时候，不管你信不信，第一天我竟然见到了布莱肯瑞琪老师，上课前她站在那里迎接我，除了互相留言，小学毕业后我除了上初中的第一天就没再和她联系过。

"她带我去见了我的新指导老师，'我想让你关注莱德，让他努力学习，有一天他会成为一名伟大的作家。我十分相信他，只是有时候他没有用功到位，有时候写作起来还非常随意，需要你的鞭策。'

"那时我还是个少年，却开始和布莱肯瑞琪老师关系越来越密切，我认为这就是成长的意义。我们一个月通好几次信，还会常常给对方打电话，我会问她小学里的学生怎么样，她当然是问我的英语课和写作。

"高中四年，我们的关系变得越来越亲近。虽然我们一年可能才会见一次面，但是联系却十分密切。我开始思考这段友谊对我的重大意义，有一个人真地非常关心我。

"非常惭愧的是，高中毕业后我和布莱肯瑞琪老师完全失去了联系，我没有给她写信也没有收到她的来信，但是我一直坚持写作。

"大学毕业后，我在好几家报社当记者。我的工作是我最擅长的写作，然后我得到了一份在《纽约论坛报》的工作，然后事情就开始朝着好的方向发展了。

"接着，我人生中最激动人心的事情发生了，1976年我获得了普利策奖①，无上的光荣，多么无上的光荣啊！"

然后莱德拉开他的抽屉，取出一个信封，去了一封信，回信上的地址是绿色港湾的一家疗养院。信的笔触十分颤抖，很明显是一个老人所写。"获得普利策奖的几天后我收到了这封信。"莱德告诉我。

莱德让我看了那封信，上面是这么写的：

亲爱的莱德：

我一直是这样对你说的。

——阿德莱德·布莱肯瑞琪

① 普利策奖是美国新闻界的一项最高荣誉奖。——译者注

　　我看着这封信，沉默了，我想起了甲壳虫乐队的一首歌《我们俩》："我们俩共同拥有的回忆，比眼前铺展开的道路还要深远。"

　　想要弄清楚如何进行交往以及为什么交往的确不容易。通常，一个人会将你保护在自己的羽翼之下，变成你的行为偶像和激励者，他们会帮助你实现最远大的理想。想想你的朋友圈和接触过的人，你也可以成为鼓励别人的人生导师，你能帮助别人实现他们曾束之高阁的希望和梦想。

　　一位历史学家曾经指出，历史上最杰出的人物，他们的母亲都是全身心投入并且坚信自己的孩子会成功。比如他列举了比尔·克林顿总统和麦克阿瑟将军，都有相似的背景，还有人类学家安德鲁·卡耐基，其他很多人也是如此。对这一点感到惊讶吗？但是显然并不局限于母亲，有人能够深深地信任你就是一笔宝贵的财富。

　　这一点受一条法则的控制，即黄金法则第四条：你能送给他人最珍贵的礼物就是信任。能够在鼓舞别人同时向他们展示他们的能力所在，是非常了不起的事情。告诉他们："你会变得非常伟大。"通过点点滴滴，充分信任他们。

　　将来你也会说：我一直是这样对你说的。

　　发自内心的、持续的信任，不求回报，这样简单的行为会让你对朋友、家人和同事产生颠覆性的影响。第四条黄金法则会指引你：你能送给他人最珍贵的礼物就是信任。

如何将第四条法则应用于实践

"你能送给他人最珍贵的礼物就是信任。"

20世纪60年代早期，年轻的甲壳虫乐队在利物浦的佳文酒吧演出，那是他们并不出名。这时候布莱恩·艾普斯坦走了进来，他经营着一家家庭家居店，布莱恩完全没有成为甲壳虫乐队的经纪人的资格，但甲壳虫乐队还是毫不犹豫地雇佣了他，而布莱恩后来在帮助甲壳虫乐队成名方面起了很大作用。

你知道布莱恩对甲壳虫乐队可能做的最大的贡献是什么吗？那就是布莱恩对甲壳虫乐队才华的绝对信任，即使当时大众并不认识这个乐队。

"甲壳虫乐队会比猫王更有名。"布莱恩这样告诉每一个愿意来听的听众。布莱恩不遗余力推荐这只乐队，最后帮他们谈成了唱片订单，而甲壳虫乐队的名气确实超过了猫王，共售出了14亿张唱片。甲壳虫乐队本身的才华对于成功至关重要，但是布莱恩对年轻的约翰、保罗、乔治和灵格的坚定的信任对于乐队早期的发展必不可少。

那么现在就告诉别人你如何信任他们的：

- 谁会需要你的支持？你知道谁需要指导和关爱吗？那些需要信任的人，也许是家庭的一员，或者某个同事。
- 在开始建立关系时，把你有多信任对方告诉他们。
- 坚定地信任，经常表达。始终关注对方，如果有人失败了，不要批评，而是要鼓励对方继续前进，"我了解你的能力，下次你会做得更好。"
- 不要停止相信！

第五章

坚持他人的要事第一

你建立强大人际关系的起点往往是对方日程中的要事，这里说的要事包括了对方的目标，不过范围还要更广。为了说明这一点的重要性，我来向你介绍一下理查德·梅杰。理查德给了我一个重要的教训，让我永远也不会忘记要了解他人的要事。

理查德是一家公司的高级主管，他已经在那家公司工作了25年，管理着非常庞大的客户账户。像鲸鱼一般。他不仅非常擅长自己所做的事情，而且他是我见过的最好的人之一。但别只听我的一面之词，检查下他的业绩，他在公司里创收排名第一，而且多年来一直如此。

如果你见到理查德，也许一开始会有些尴尬，认为他缺乏一些交际技巧，比如，他并不热衷于小范围交谈。他说话特别欢快，但有时会有很多赘语（嗯，你懂的之类的）。但是不要因为这件事就退却了，当跟客户建立联系时，理查德有一种无人能及的直觉，以及帮助客户发现机遇的独到眼光。

我第一次见到理查德时，正在向他所在的公司咨询一个增收的项目。

我们坐在一间大会议室里，桌子的另一头坐着一些公司老总，不停地向每一个人盘问怎样才能通过与客户的交往再榨出一点收入，他问每一个人相同的问题：

"你对这个客户预估的创收目标是什么？"

"你还能销售哪些附加服务？"

"是什么阻碍了你实现目标？"

当老总问到理查德，却得到了一个坚决的答案，"那么，你对TCR公司明年创收的目标是多少？"老总问理查德。

理查德用简洁的话语回答了第一个问题，"我对此没有预估，这取决于客户的需求。"第二个问题的回答类似，"我还不知道，我们要急客户之所急。"他接着补充，"就是为客户工作日程中的首要事项、需求和目标服务。"

"好了好了。"老总也疲惫了，他决定向更有成果的探索领域进发，虽然他并不知道理查德是如何工作的，但是他尊重成果。

茶歇的时候理查德把我拉到一旁说："我说的就是心里所想的。十年前，TCR公司还不是我们的客户，现在已经成为公司的第二大客户——每年为我们带来三千多万美元的收入。"

第二天，我和理查德在芝加哥南方威客大道上的一家餐厅里吃午饭，现在只有我们两个，公司老总不在，他回总部办公室去盘问更多员工的创收目标了！

我问了理查德一个简单的问题："你为什么能在赢得客户方面这么成功？"我想知道他的秘密。

通常理查德比较严肃，但这时候他看着我，呼了一口气，微笑着说："我来给你看样东西。"他放下健怡可乐在口袋里摸索着，是一张折起来的小纸，皱巴巴的，显然这张纸是被反复打开又折上过的，理查德慢慢将其展开。

我坐在对面看不太清楚，但看上去像是一个名单，每个名字旁边有一些笔记。一些字被涂掉了，旁边又写了新字，看得出来上面有用不同的笔写过的痕迹。

"看见这张纸了吗？"理查德问我。他把纸拿到我面前说，"这是我的核心客户名单。每个名字旁边我都列出了客户的需求，这是他们最需要解决的问题。"理查德停顿了一下，我感觉似乎餐馆里其他人也都停了下来，看着我们，想听听理查德的秘密。

"我一生的职责……就是帮助每一个客户解决他们的要事，而这是我唯一的工作重点。"

理查德的故事清晰地表明了一个人的人际交往之旅一定要始于他人的要事，而不是自己的。无论你是在与客户、同事还是朋友交谈，你的首要任务都是了解对方的要事。你知道现在什么对他们来说很重要——非常非常重要吗？只有在你明白这一点时，你才能清楚地懂得如何帮助他们并且为这段人际关系增加价值。

> 他人的要事——只要这些事情与你的价值观和伦理观相符——就是你建立人际关系的方向，也是你增加价值的起点。因此黄金法则第五条就是：了解他人的要事并帮助他们解决。

如何将第五条法则应用于实践

"了解他人的要事并帮助他们解决。"

以下方法可以帮你掌握对方的要事。

- 一个人的要事是由他最重要的3~5个首要事项、需求和目标组成的。

- 工作范围内，你应该区分别人的工作要事和私人要事，比如按时完成一个工作项目和适应新城市的生活。知道这两者都很重要。

- 思考一下对你来说最重要的工作关系和朋友关系，列出三个人。你真的了解每一个人的要事吗？你能想到2~3件对他们来说非常重要的事情吗？然后问问自己：我能帮上什么忙？

- 养成询问他人要事的习惯，弄明白对方的世界发生了什么。下面是询问要紧事的几个问题示例：

  1. 年底你和你的工作是如何考核的？

  2. 领导要求你完成哪些主要目标？

  3. 想要助益并扩大你的业务，您需要锻炼哪些其他的能力呢？

  4. 你自己最想参与执行的项目有哪些？

  5. 你今年正在做的哪一项工作最让你振奋？

第六章

穷牧师是如何成为亿万富翁最信任的商业顾问的

我想给你讲一段十分不可思议的交往，就是约翰·洛克菲勒①和一位浸信会牧师弗雷德里克·泰勒·盖茨的交往。

两人早期经人介绍认识，后来交往不断深入发展成友谊，接着成为了亲密的朋友。盖茨博士为洛克菲勒进行大量投资，而且成为洛克菲勒最信任的商业顾问，甚至还救过洛克菲勒的命——这件事发生在盖茨把洛克菲勒带入一个全新的慈善世界中时。

故事就是这样发生的 。我们稍稍回顾一下历史，当时洛克菲勒刚刚50岁出头，身体不是很好。

洛克菲勒到医院接受检查，诊断结果却是病危通知书，"洛克菲勒

———————————

① 约翰·洛克菲勒，美国实业家、超级资本家，美孚石油公司创办人。——译者注

先生，"医生说，"你的身体机能运转不佳，病状分析并不乐观，我真的非常担心您的生命是否还能坚持一年。"

"我们试试别的方法，"医生建议，"现在你要严格饮食，只能喝羊奶吃苏打饼干（洛克菲勒的后半生一直在坚持这份食谱）。最重要的是，我希望你的后半生少花点时间赚钱，而把更多的时间花在把金钱贡献出去。"

这时弗雷德里克·泰勒·盖茨出现了。

把钱捐出去的新事业，慈善事业以及节食和缓地开始了。

洛克菲勒的身体逐步恢复，每天这位世界上"最健康"的人走在纽约街头，口袋里放满了硬币，早晨散步时洛克菲勒会把这些钱分给孩子们——这只是开始。

"做了正确的事重要的下一步就是，"一家报纸引述洛克菲勒的原话，"让人们知道你在做正确的事情。"

洛克菲勒的慈善事业越做越大，身体也越来越好，活到了98岁。洛克菲勒和盖茨成为了亲密无间的好友，一位是谨慎精明的金钱制造机，一位是神圣虔诚的牧师，两人这段友谊不同寻常又令人震撼。

"我非常相信盖茨博士，"洛克菲勒说，"我对他的信任超过了所有人。我赚钱，他投资，他向我展示了钱是怎样捐献出去的。"

慈善事业不断扩大，盖茨博士后来劝洛克菲勒出资40万美元建一所大学，那是在1889年，这在那个年代是一笔不小的财富。有一天，洛克菲勒召唤盖茨，"好吧，我愿意给你40万美元，"洛克菲勒对盖茨说，

"但是有个条件：你要让芝加哥市的领导们也出40万美元。"

盖茨确实筹集到了这笔钱，洛克菲勒告诉盖茨，他很惊讶盖茨居然能筹集到这么多钱，他问盖茨是如何做到的。

"筹集资金并不难，如果你需要对方送一份厚礼，不要太急切地逼迫对方。给对方时间，慢慢鼓励，让他感觉到自己是在制作一份礼物，而不是被人用武力夺走一样东西。"

"让对方自由地抒发意见，尤其是在会面的前半部分。如果你对面的人想说话，那就让他说，一直说，一直说。放出你的钓线，然后带着最浓厚的兴趣倾听每一个音节。"

就这样，一所宏伟的大学因为早期的资金得以建立，这就是今天众所周知的芝加哥大学。

多年后，洛克菲勒和盖茨之间的友谊变得更加牢固，两人之间的联系也更为密切，始终陪伴彼此。亲密程度达到洛克菲勒的多数商业决策都离不开盖茨，甚至还让盖茨参与到洛克菲勒的家庭决策，包括慈善事业在内，所有这些让盖茨成为了洛克菲勒及其子孙的顾问。

这段友谊非同寻常，更令人惊讶的是因为洛克菲勒几乎不让任何人接近。洛克菲勒的一生中，他成为了现代历史上最富有的人，同时也是最孤独的人，除了和盖茨的友情。

约翰·洛克菲勒和弗雷德里克·泰勒·盖茨之间不同寻常但强大坚韧且富有成效的友谊就是第六条交际黄金法则最好的例证：通过结交与自己完全不同的人提高自身。洛克菲勒和盖茨的关系非常吻合这条法则，正是因为二人的不同这段关系才如此富有成效。

调查表明，人类的天性是在选择事业伙伴时寻找与自己相似的人，但是最有创造力的团队，以及解决问题最快的团队，都会挑选和结合来自不同背景和性格迥异的员工。

看看苹果公司的创始人史蒂芬·乔布斯和史蒂芬·沃兹尼亚克。沃兹尼亚克是惠普电脑公司专注于编程的程序员，更像书呆子，他主要负责苹果一代电脑的硬件、线路板和软件设计，乔布斯则是一个机智、有创意的市场天才。

乔布斯提出的想法是把苹果一代电脑作为整体出售，而不是一堆需要发烧友组装的零件。当乔布斯的市场才华和设计天赋、演讲爱好与沃兹尼亚克的杰出技术才能结合到一起时，结果就是诞生了20世纪最伟大的公司之一。

和人交际时寻找和自己有许多不同之处的人，你们在观点、兴趣和性格方面可能会有很大的不同，但这种分歧有利于制造一种有益的紧张感，能够迸发新的想法，从而改变现状。

跟与自己相似的人交往更容易些，你们很快就能达成一致，我们也倾向于建立这些关系。但这也会成为问题，一定的压力和紧张是很重要的。如果你想提升自己，就要努力适应不同之处。结果会是无比丰厚的回报。

真正改变一生的友谊常常是由两个非常不同的人组成的，用第六条黄金法则指导你吧：通过结交与自己完全不同的人提高自身。

如何将第六条法则应用于实践

"通过结交与自己完全不同的人提高自身。"

我们通常被与自己相似的客户和同事吸引，然而我们往往是跟各方面和我们有差异的人学到的知识最多。

- 回顾你工作或生活中最重要的友谊，你有没有和跟自己非常不同的人来往过？他们有没有让你得到拓展？把这些都记下来，想想他们为什么一直跟你交往。

- 从另一方面来讲，你能想到哪些关系是整体的作用小于某些部分的作用？为什么会这样？他们是不是"便利"的关系，从来不会要求你做什么？

- 根据第一张列好的单子，谁可能成为你自己的弗雷德里克·泰勒·盖茨或者史蒂芬·沃兹尼亚克？列出工作和生活中出现的一些人，这些人中谁不会自自然然地吸引你，却会推动你前进或帮你提高呢？

- 想想那些你在和他人交往时遇到的敏感问题或经常抱怨的事情，哪些会让你生气得哭起来？哪些人又让你整个人都不好了？把这些特点都列在一张纸上。是这些原因阻止了你结识有趣的人，那些能丰富你的生活和事业的人，还是其他什么原因？

第七章
当心本末倒置

有天晚上6点钟，我在做一些收尾工作，电话突然响了，因为时间不早了，我想让打电话的人发信息，但是又很好奇，所以就接了电话。

电话另一头那个人声音很激动，"您好，我是萨尔·埃斯波西托，您并不认识我。"暂停了一会儿，接着，"天哪，我不敢相信您竟然接了电话，而且是本人接的！"

好吧，我并没有那么出名。但是我觉得一点恭维也无关紧要。

"呵呵，你找到我了，"我回答，"我很高兴您这么想，不过我正在出差。"

"我是您的忠实读者，其实我们都在布朗·哈里斯·史蒂文斯房地产公司工作。"

"我很高兴您喜欢我的书，您读过哪本？"

萨尔沉思了一会儿，"我非常喜欢的是……很有颠覆性的那本……您知道就是那本好像……是关于十个策略的书？"

"哦，您说的是《建立相互信任的客户关系的10个策略》那本书。我很开心书对您有帮助，太好了。"有时候人们就是记不住书名，或是看了别人的书以为是我写的。

"我能帮您什么呢？"我问道。

听上去萨尔像是一个圣诞节早上走进客厅就看到圣诞树下面堆满了礼物的孩子，那种惊喜的感觉溢于言表。

"我来解释一下，我们今年必须要增加营业额，我们认为增加新客户以及拓展现有客户是非常有希望的。现在已经完成了一部分，您在书里提到的方法在我们公司得到了强烈响应。这正是我们所需要的，所以想要尽快开展，越快越好！"

我问了萨尔几个问题，他详细地解释了一下公司要做什么。

大多数这样的电话都解释很详尽，通常是一个潜在客户想要做什么，他们对于当前的进展感到不满，想要得到帮助。但是萨尔不一样，他迫不及待想成为冠军，他的公司想立刻开始！

哇哦，我私下想了一下，这就是那种你希望一周能有一次的电话，但是实际上却很少有人打来。就像是男女初次相亲，结果对方就是你的理想型。

"我们已经蓄势待发，每个人都准备好了。您什么时候方便？您最快什么时候能和我们开展合作？您需要多少报酬？我知道没有更多细节之前，这样让您回答很困难，但是也许您会给我一个大概的意向标准？"

萨尔非常激动，似乎不大能控制情绪，他把平时一个潜在客户需要交谈几个小时的内容，压缩成了20分钟。我们后来达成共识，我先给他发一个想法的大纲，之后几天内我们会再联系。

然后在我正式开始做事之前，我先查了查自己的对照表。对于客户来说，这是一个紧急事件吗？是的。这个是属于萨尔的问题吗，也就是萨尔是合适与其打交道的执行经理吗？似乎是的。他们对于当前进展的速度不满意吗？绝对是。他们信任我作为帮助他们的人吗？好吧，他们喜欢读我的书——他们似乎确实喜欢。

然而还有一些事困扰着我，而且我还束手无策，那就是他们已经读过我的书也上过我的网站，但却还不十分了解我，不过……我还是感受到了萨尔的热情。

接下来的一周，萨尔又给我打了两次电话。我给他发了一个最终的提案，里面有几个选项。我仍然有一种困扰的感觉，觉得好像有什么事不对劲，但是我尽量避而不谈，我已经准备好自己买机票从芝加哥飞到他的公司所在地了。

接下来的一周我们约好了要谈谈，但是萨尔没有打电话，之后就没有反应了，他不接我的电话也没回我的邮件。没有把签好字的提案发回来，没有准备座谈会议，也没有进行事先说好与他同事的电话会议。这种死寂的状态和当初萨尔由衷的不可遏制的热情完全不相符，就好像我已经求过婚也把结婚邀请函给宾客们发出，而现在新郎却不见了。

三周之后我收到了萨尔的邮件，非常简短："其实，我觉得我们得把日程延后了，现在出现了其他必须解决的要紧事，我会再跟您联系的，我们觉得您的建议很有用，非常感谢您的工作。"

这是五年前的事情了，之后我就再也没有得到过萨尔的消息，一次也没有。

我的职业生涯中，遇到过很多像萨尔这样的人，每一次故事的情节都差不多：一位潜在客户打来电话，但是等不到项目开始，之后几周你为他们的需求开会商议，然后这个机会就神奇地消失了。你得到的不过是一个模糊简短的解释，有时候连解释都没有。

尽管我从未和萨尔的公司合作过，但是我感谢他的"不能等到开始，就永远地再见吧"，这种关系就是法则七要讲到的。实际上这条法则有两个版本，小范围的一种适用于销售，就是第一通电话的急迫性通常和最后这个客户从你这里买东西的可能性成反比。注意我说的是通常，但是它发生的概率需要你特别留意。

这条法则的第二个版本更广泛也更重要，不仅适用于销售也适合工作和生活中的不同领域：严肃的合作需要一定的关系作为基础。

我的经验是，要得到真正和持久的结果没有捷径，你需要一种交往关系作为基础。在上一个案例中，我被潜在客户的热情和激动欺骗了。

要是我慢下脚步，多花一点时间建立关系，这次的销售也许还是不会成功，但成功的可能性会大一些。我会找到萨尔的公司究竟出了什么问题，或者我会发现一些预警信号也不会浪费我的时间。

我把潜在客户对我写的书的热情误以为可以建立一段互相信任的关系，但对于你的产品，公司的品牌，或者你的人格，只有热情是不足以签下一个合约的。

> 在你成功地完成一次销售之前，或是达成任何重要的合约之前，必须建立一个基础。第七条法则简短又好记：严肃的合作需要一定的关系作为基础。

如何将第七条法则应用于实践

"严肃的合作需要一定的关系作为基础。"

许诺发生得太快，很有可能是架构在沙子之上，很快会坍塌。销售是如此，其他领域也一样。

以政治为例，2008年美国大选，共和党候选人约翰·麦凯恩选择了当时阿拉斯加州州长萨拉·培林作为他的副总统竞选伙伴。约翰几乎不认识培林，尽管做出了这个选择，但约翰和她并没有在一起共事过。两个人没有任何交际，完全是各自为政，最后交出了一张零零碎碎的共和党选票。

同样的道理，婚姻顾问不赞成那些简短、草率的结合，因为只有几个月或者几年的交往很容易导致离婚。

你想和某人建立严肃的关系吗？问自己以下5个问题：

1. 我有没有首先花时间建立一种基础的信任关系？

2. 为了某个合约成功或以正确的方式开始，我是否足够了解他人或者对方公司，他们了解我吗？

3. 这段交往关系和合约的范围以及所冒的风险相称吗？

4. 在正常的进展中我有没有走捷径？比如，雇佣员工时，有朋友推荐的候选人并不意味着你可以跳过正常的招聘流程。

5. 在进一步行动之前，我和对方还需要哪些其他信息？

第八章
企业用人的第一标准永远是"有德"

阿恩霍尔特·史密斯，这个名字或许对您没有多大意义，至少对于大部分人来说是如此。但是请继续看下去，这是一个有关正直的故事，也是我生命中最具挑战性的一段经历。

史密斯的朋友们都叫他阿尔尼，我其实算不上他朋友圈里的人，尽管我们已经共事了相当长一段时间。不过我也像他的朋友那样叫他阿尔尼，他似乎也不太介意。

阿尔尼15岁高中没毕业就辍学在一家杂货店工作，之后他在财富上的成功就像滚雪球一样实现了不可思议的三连跳。下面我要讲述的这个故事发生的时候，他持有美国国家银行的大部分股票，是加州最大的股东，他拥有圣地亚哥棒球队，还有其他一些大的业务。

阿尔尼是一个鼓舞人心的人物，也是整个公司最重要的领导，《圣地亚哥联合论坛报》称他为"本世纪的圣地亚哥之子"。在他参与的其他一些工作中，他还是共和党主席，同时也是贡献最多的人之一。

下面回来和我继续感受这个故事。

史密斯仪表堂堂，非常英俊。经常可以看到他开着一辆褐色凯迪拉克敞篷车环城兜风，他会穿着褐色套装，颜色非常相近，几乎没人记得他不穿褐色西服的样子。一位跟史密斯很熟的朋友告诉我，史密斯一次会订很多这样的西服，都是找裁缝定制的。史密斯还喜欢晒日光浴让肤色也接近这个颜色，我认识史密斯已经几年了，他的皮肤一直都是美黑。

史密斯已经发展到了顶峰，不会让事情出错。他是加利福尼亚州最富有的人之一，在全国也是数一数二的。他还有一个可爱的娇妻，一个热爱他的社区。

然而，突然一切都失控了，就像你一直在拽一件毛衣的线头，没完没了，总有一天这件毛衣会散架。那种感觉就像从天堂突然坠落，之后我再仔细讲这个故事的细节。

当时我正在推广市里的一个重要建设项目，我已经帮助客户研发了筹集资金的策略，最好的解决方式就是让阿恩霍尔特·史密斯来当主席，他最好的朋友马林·伯恩海姆雇了他。史密斯当时就贡献了500万美元。现在看来仍是很大一笔钱，在当时简直就是巨款，按照现在的汇率大概有2500万美元。

这次的政坛活动只孕育了几个月，但是史密斯的贡献确保了成功，无论是我还是建筑师都对此很清楚。那天，我们马上就要成立一个施工委员会，吃过午饭，会议很快就要开始了。

马林说："在正式开始之前，我有一个非常糟糕的消息要告诉大家。"这当然吸引了每个人的注意，"我要说一件没有人知道的事情，但我不能说我是怎么发现的。你们必须保密，我需要各位向我保证。

"否则，不出一个月，这件事就会成为新闻，在圣地亚哥、全州、甚至全国，一切就都完了！"每个人都保证会向马林信守诺言，关于此事的任何事情，他们甚至在家里也不会谈起。

瞬间一片沉寂，马林继续说："我刚刚发现阿尔尼·史密斯即将因为财务管理不善受到起诉，他会失去一切，还很有可能会进监狱。权威机构发现他欺诈，侵吞合作基金，从银行抽取了1000万美元资金，逃避个人所得税，而且可能还涉及不合法捐赠。"

屋子里的所有人都深深地震惊了，马林补充道："我们需要偿还他的500万资助款，当然史密斯不再是主席了。"

这对我是个很大的打击，有了史密斯的捐赠我们就能达到目标，我非常急迫需要这笔钱。

"等等，不必这么快。"我说道。我想到很多接受这笔资金的方法，我们可以说这是个人捐献，并不代表公司，或者我们可以在判决下来之前先把这笔钱用掉，你知道在法律规定宣判确立之前他都是无罪的，还有很多办法，总之我不想失去这500万。

我非常痛苦，我的胃都在燃烧，觉得反胃，内心都是纠结和扭曲的状态。

但是委员会非常坚决，正直重于一切，马林说："是我雇佣了阿尔尼，也是我接受了这笔捐赠款，所以就由我去和他谈谈，我希望阿尔尼能理解。"马林说了，也做到了。

事实上这次的建筑工程没有妥协，不仅顺利进行，而且非常成功。

从此以后，阿恩霍尔特进入了他无法回避的炼狱。各级法院都宣判阿尔尼有罪，多数人以为他会入狱10~25年。然而，法官（也是史密斯的一位非常好的朋友）收到了一份医疗报告，说史密斯只剩下5年的生命。法官最后宣判他入狱3年，并说："我不能让阿恩霍尔特生命的最后两年在监狱中度过。"

之后就没有报道了。

史密斯被判去联邦监狱照料玫瑰花，史密斯的妻子在宣判的第二天就与他离婚了，他的儿子在36岁时因突发心脏病去世。史密斯服刑之后，人们相信他已经身无分文，最后去了女儿那里居住，97岁时史密斯去世。

阿恩霍尔特·史密斯的故事说明了一个人缺乏正直品德的后果，他的故事也证明了我为之筹集资金的团队所具备的正义感，它也让我看清了即使当我认为目标有价值时，也要理性对待。它让我想到第八条法则：正直重于一切。

对于我而言，我绝不会忘记这个教训。曾经有人说过判断一件事情究竟是对是错，可以问你是否愿意让你的行为出现在第二天的新闻标题上（还有一个版本是您愿不愿意让鹦鹉跟整个城市像讨论八卦一样谈论这件事）。

正直的定义就是，不论发生大事小事，你都愿意坚持的一套不会更改的核心信仰和原则，是指引你的方向。与人交往时，正直的意思是诚实、言行一致和可靠。

不诚实行为和见异思迁都是有害的，如果某人不值得信任和依靠，就无法建立健康的关系。如果你不相信发件人，就不会相信此人所发信息的内容。大约5世纪时，圣奥古斯丁写了一本很有名的书——《论说谎》（*De Mendacio*）。他写道："当事情的真相遭到破坏或稍有折损，那么整件事都不可信了。"

经过史密斯事件，我真正学会了相信。当我回想起来，我对于自己当初愿意接受那500万美元感到羞愧不已。一想到我居然为了钱可以牺牲自己的原则，就感到惊恐不已。正直现在已经成了我生活中必须遵守的准则，没有一丝商量的余地。如果人生是战场，那么正直就是我在战场上最强大的武器。

坚持不懈地提升你正直的名声，也就提高了诚实和正直的品格，而这会成为你人际交往的强大基础。

每次你拒绝向正直妥协，你就会变得更强大，而且更有韧性。正直品格的培养需要时日，但是请记住你可能会在一瞬间失去它。遵守第八条法则：正直重于一切。

如何将第八条法则应用于实践

"正直重于一切！"

你是个正直的人，当你……

- 值得信任；

- 一以贯之；

- 行为前后一致；

- 小心谨慎而且保守秘密；

- 有固定不变的原则和价值观；

- 时刻信守诺言和承诺，即使是微不足道的承诺；

- 言行一致；

- 不会被他人的不诚实行为所干扰。

你会冒险失去正直品格，当你……

- 相信你的目标太重要了，无论做什么都要实现目标；

- 采取看似无害的捷径（稍有疏忽就会酿成可怕的后果）；

- 认为只要真诚就可以不必正直（记住"糟糕的诗歌都是真诚的"）；

- 给别人制定高标准，却放松对自己的要求；

- 心想"我就做这么一次……"或是"别人也这么做，应该不是坏事"；

- 认为自己这样做是因为自己很重要、太忙或者压力太大，所以即使错了也没关系；

- 跨越道德的边境只为在市场竞争中"保持竞争力"；

- 给正直添加修饰语（"合理范围内的正直"），认为有些事情不算对也不算错。

第九章

时刻为对方着想

我坐在一个大礼堂的前排，在一场有关信托商业顾问的专家讨论会上，我担任调解员。在我的左边，一排长桌子上面摆着麦克风，坐在后面的是三位高级经理，他们之所以会当选是因为这三位的一生都在选择和雇佣专业顾问以及各类供应商。

观众有来自全球知名投行的高级经理人，观众穿着正式的西服打领带，比我在纽约参加的大型婚礼场面着装还要正式，他们想要从客户的角度知道该如何建立合作关系。

我向专家组提出了第一个问题："你们能告诉我你们最信任的顾问是什么样的吗？哪些经理人和银行被纳入了您的'信任圈'，为什么呢？他们在工作时表现了什么样的特质？"

第一位CEO开口了：

"银行经理人或任何一个信托顾问无论发生什么都会陪伴在我身边，他们不会仅仅是在有高额的报酬时才会出现或者提供建议。即使我落入低谷，他们也会来看我，提供有价值的建议。"

另外两位经理都赞同地点头，是个好答案！

第二位CEO回答：

"信托顾问总把我的利益放到第一位，选择进退都有自己的主见，会提出引人思考的问题而且耐心倾听。他非常诚实，完全值得信赖，如果他告诉我周一上午9点会在我办公桌上放一份报告，而周日晚上我的邮箱里没收到，第二天早上8点肯定会有，我从未听过任何借口。"

现场有了更多赞赏的表情！现在轮到第三位CEO了，这是一位精神抖擞的人。

"我的公司极少用投行经理人，我们避免这种情况，是因为我们已经培养了内部处理财务的能力。"

听众都惊讶地睁大了眼睛。

"您能多说说这个方法的细节以及背后的故事吗？"我问道。

"这要追溯到10年前的一个周一早上了。"

"10年前？"我问道。

"是的，公司都会有久远的记忆，当时我负责内部合并以及外部收购，收购部正在评估可能收购的另一家公司。我们一起工作了好几周，周末时工作进入白热化状态。

"我们就睡在办公楼内的一个大会议室，到周一我们过去三天只睡了

8个小时。想象一下那个场景：我们胡子拉碴，满眼血丝，屋里一团乱。

"当时我们和一家投资银行约好见面，因为整个周末我们把我们合作的一家重要银行放在了一边，那位高级银行经理和团队准备中午前过来。

"就在同时，我们已经饥肠辘辘，随及订了培根三明治外卖。我们4个人一共4个三明治。那些经理人到的时候，几米开外都能闻到培根的香味！很快我们就拿到了三明治，投行经理人也到了。

"团队负责人走进了会议室，穿着一丝不苟，笔挺的西装、粉色衬衫，同时配定制领带，相比之下我们胡子拉碴，穿着皱巴巴的衬衫，其中两个人连鞋子都没穿。负责人一眼扫到了桌子上放着的培根三明治，因为有一个同事还没有吃。"

会议室内鸦雀无声，听众们身子向前倾，全神贯注地倾听。

"负责人看着盘子，'培根三明治！我的最爱！'他拿起了最后一个三明治，开始大吃特吃，同事们都没好意思说话。'嗯嗯……谢谢。'西红柿和蛋黄酱四处飞溅。

"我同事饿得下巴都快掉了，他已经好久没吃过东西，恨不得现在就咬几口那多汁美味的三明治。"

一阵沉默，有些听众看着自己的脚面，我虽是调解员，但是也只能说："哈，然后呢？"

"好吧，"那个CEO继续说，"三明治被拿走的那个同事，现在是我们的财务总管。"会议室里听众一片摇头的景象。

"从那之后，我们再也没有和那家投资银行合作过，再也没有。10年后这家银行已经倒闭了，如我之前所说，我们就从那天开始锻炼自己处理内部财务的能力。

"因此我的建议就是：如果你想成为信托财务顾问，就不要吃客户的培根三明治。"

会议室里迸发出了一阵阵笑声，这位CEO的讲述非常值得称赞，故事里的银行工作人员不经意地强化并且符合了CEO们对于投行工作人员的刻板印象和偏见（"他们收费很高还会吃掉你的午餐"）。

我们的银行从业者朋友们要是能完成一个简单的举动：试着站在客户的角度考虑问题，就能少走10年的弯路。

所以闭上你的眼睛，想象一幅不同的场景。周一早上银行经理到了，他熟知客户的核心财务团队已经连续几天通宵工作了，知道他们缺乏睡眠憔悴不堪。在这个想象的故事中，银行经理人十分敏锐，知道有些客户认为投行经理过于自大，就会换一种行为方式，以更加礼貌和尊重别人的态度待人。

他会拿着一个装满附近面包店新鲜牛角面包和几杯卡布奇诺饮料的盒子问候客户："怎么样了？"然后还会告诉客户："我知道你们已经工作了大半夜，也许这些会帮你们继续！"

简直荒谬，你会想，送咖啡可不是高级经理人的工作。

但是想想看：通过站在客户的角度考虑问题，这位银行经理人就可以完全取得客户的信任。消除了客户对自己的偏见，这样的经历有可能会让他每年都有几百万收费。

"来尝尝刚出炉的牛角面包。"可以想象这帮连胡子都顾不得刮的客户脸上惊讶的表情，还有感激的微笑。

他也许还会说："昨晚接到你的电话之后，我们就聚在一起看你发过来的方案。对于第三种提案我们有一些想法，我们想知道你们什么时候想投入。"传递的信息是：所有的业务都与你们相关，我们已经卷起袖子随时准备大干一场。

当我们只考虑自己的感受，就是在冒险成为自私的人，我们是在强迫别人而不是吸引别人。

这让人联想到了黄金法则第九条：时刻为对方着想。

故事中的这位银行经理人朋友没有遵循这条规则，相反他表现得像个麻木以自我为中心的顽固分子，他在工作上损失了上百万美元。

考虑一下对方面对的压力，想象一下他们现在的感受，用同理心对待对方。成为这样的人，你需要变得乐于与人交际、值得信赖，还要关心对方的成功。

著名乡村音乐人乔伊·索斯唱道："设身处地为我想想/在你拒绝、批评和指责之前/设身处地为我想想。"

人很容易变得只关注自己，对于别人的事情和感受视而不见。让自己更有同理心，就要遵循第九条法则：时刻为对方着想。

如何将第九条法则应用于实践

"时刻为对方着想。"

以下这9个方法可以帮助你站在对方的角度考虑问题，使用这些方法，会让你变得更有同理心，更引人注意，更加有魅力。

想想你即将见到的那个人。

1. 想象一个情景：现在对方的生活中正在发生什么事情？他们承受着什么样的压力？

2. 想想你能做什么让对方感到舒服、放松。

3. 想象对方在想什么，他们的脑海里有什么事物？

4. 想象对方感觉怎么样，现在情绪如何？

5. 提出关于想法和感受等经过深入思考的问题。

6. 急客户之所急，而不是你自己的要紧事。不要太着急劝解或说服对方，当你们想到一起的时候再说出自己的观点。

7. 想想你的想法和建议怎样才能得到接受，他人会有什么反应？

8. 试试帮助他人想出正确的答案或者得出最佳结论，而不是把这些直接灌输给对方。

9. 扪心自问自己的动机有多纯粹，推动事情的进展对谁最有利？你有没有受到利己主义的驱使？

第十章

工作出了错，怎么化解危机

他讨厌当校长，我指的是A.巴特利特·吉亚玛提，他已经在耶鲁当了10年校长。

吉亚玛提是一个真正的学者，他所有的关注点都在学术上。但是吉亚玛提知道，作为一位名校的校长，就必须向富有的毕业校友征集捐赠礼物，这是他工作中最讨厌的一部分。

有一位吉亚玛提要联系的校友叫费·文森特，文森特是一个非常富有的校友，他们要进行第一次会面。

这次会面之前，筹集资金委员会已经为校长准备好见面的事情，首先，他们告诉校长，校长的父亲和这位校友的父亲是耶鲁的同窗，同时还提供了一大摞背景知识。

校长知道他必须要给文森特打电话了，他有些害怕这次见面。这是吉亚玛提的工作中最糟糕的部分，但是他明白这有多么重要。会面如期举行，现在我带着你们进入会面现场：他们围坐在一张小会议桌前，桌上陈列了一些书籍，吉亚玛提啜饮着咖啡，最终鼓起了勇气。

"费，我知道你热爱耶鲁的法学院，我今天想跟你谈的是为法学院进行一笔捐献。"

费·文森特又听他讲了四五分钟，然后打断了他："巴特，你来这里之前，有没有查过有关我的一些资料？"

"嗯，嗯，当然，当然！"

"我觉得是你大学里的调研团队对我进行了一下搜索总结了一页纸？"

"其实不是一张纸，是一大摞文件。"

"好吧，是我就把那个人开除。"

"你会这样？要把那个人开除？为什么？"

"因为我根本就不关心耶鲁法学院。"

"你不关心？一点都不在意？"

"我对耶鲁法学院一点感觉也没有。"很长一段时间两人都没说话，会面陷入了诡异的沉默。

"好吧，这条信息很有帮助。"

"不过，你知道的，我父亲是耶鲁大学31届的学生，他对法学院很有感情，他是橄榄球和棒球队的队长。我父亲热爱耶鲁大学，而我爱我的父亲。"

吉亚玛提还是想挽回局面，他说："我知道你爱你的父亲，费。"

"我来告诉你如果我是你，我会怎么办，巴特。我会把你收到的所有调查资料扔到一边，早上见面的时候我会说：'文森特先生，今早我想跟你谈谈给耶鲁大学捐赠的事情。我们会把这笔钱用作学校建设，为了纪念你深爱的父亲，一位伟大的耶鲁大学运动员'。"

听到这些，吉亚玛提从椅子上站了起来。

他把桌子上四散放着的文件和议案收了起来，过了一会儿，所有东西都被扔进了他的手提包，没有再说一个字。吉亚玛提离开了，一个字都没说，并且很快关上了门。

30秒钟之后，费·文森特所在的那间会议室响起了很大的敲门声，文森特等了一会儿说道："请进。"他说得非常慢，用了三个音节才把这两个词说完。吉玛提亚把门打开一道缝，说："耶鲁大学的校长今早要过来和文森特先生谈谈给学校捐赠的事情，这笔钱会用作纪念文森他先生父亲的资金，文森特先生深爱的父亲是耶鲁大学一位伟大的运动员。"

"耶鲁大学的校长现在终于走上了正轨。"文森特说。

正是这次的会面改变了两人的命运，而且正是他们的这种私人关系——他们的父亲，充当了两人交往的催化剂。

虽然开头有些奇怪，但是不管怎样，正是开始时这种尴尬的状况从某种程度上把他们吸引到一起，同样的事情对于他们而言却有完全不同的感受。

他们变得像兄弟一样亲密，并且还发现对棒球的喜爱成为了他们最重要的共同点。那次会面之后，两人每个周末都待在一起，他们完全享受彼此的陪伴，除了周末他们还会找时间通电话，一起吃饭，带上妻子一起在纽约过周末。

吉玛提亚想辞掉现在的工作，他不想继续当耶鲁的校长，而是想成为棒球联盟的理事。棒球委员会的人得知这个消息，都想聘请吉玛提亚过去。

吉玛提亚果真梦想成真。

吉玛提亚成为理事不久，就设了一个新职位——副理事长，并且任命自己最好的朋友费·文森特担任这个职务。吉玛提亚犹如置身天堂，做着热爱的工作，和最好的朋友共事。

但是故事的结局并不美好，不到一年，吉玛提亚就在办公室突发心脏病去世。之后，费·文森特出任理事长，完成了吉玛提亚5年工作合约剩下的部分。

很多时候两个人初次见面都会觉得压力大，或是十分困难，也会觉得尴尬，但是当他们发现共同的兴趣爱好，就会建立一种联系。

你听说过一对恩爱相守多年的夫妻，在第一次见面时也会觉得找不到话题或者针锋相对吗？

不要因为和某个人一开始见面有些困难就感到沮丧，即使相逢时很尴尬，也能发展成非常好的朋友。试着改变，找到能让彼此接近的连接点。

记住巴特·吉玛提亚和费·文森特的故事，他们的故事，就是两个截然不同的人因为共同的爱好和经历而连接在了一起。

> 你也许非常相信第一印象，但是别急着下结论。遵循第十条法则：不要因为一个尴尬的开始止步——找到能联系彼此的个人喜好，你们也许会发展成很棒的关系。

如何将第十条法则应用于实践

"不要因为一个尴尬的开始止步——找到能联系彼此的个人喜好，你们也许会发展成很棒的关系。"

电影《非洲女王号》(*The African Queen*)，由亨弗莱·鲍嘉和凯瑟琳·赫本出演，这部电影是一个两人从互不信任的开始发展为互相倾慕的对象的经典故事。电影的场景设置在第一次世界大战时的德属东非洲，凯瑟琳·赫本演的是一个卫理公会派教徒罗斯·索尔，她所在的村庄被德国人摧毁了。

她在鲍嘉饰演的查理·阿尔纳特那里避难，查理掌舵一条小船。罗斯有点势利，接受过良好教育，有着很强的道德感，查理则是一个酗酒、散漫、愤世嫉俗的水手，他只想活下去。电影一开始，他们总是相互争吵，完全无法忍受对方。然而到了结尾，他们开始学会慢慢欣赏对方的优点，并且有了共同完成粉碎纳粹的任务。

影片最后，就在要被德国人执行死刑的时候，两人要求在死前结婚，可是却意外炸毁了抓捕他们的德国炮艇，完成了任务。他们一起游向了海岸，结了婚，获得了自由。

以下是你应该遵循的4个步骤：

1. 如果你与某人一开始交往很不顺利，首先问问自己喜欢对方哪一点。

2. 然后检查一下是什么在阻碍你，比如这个人是否：

- 有着你不喜欢的性格？问问自己那个特别的品质为什么让你感到不舒服？或许别人并没有对此感到不舒服。你是不是曾经为相似的行为感到内疚？

- 来自和你完全不同的背景？如果是这样，你可能不会立刻觉得和这个人相处很愉快，但这是一个机会，你可以学习更多知识，扩展自己的知识面。

- 对你个人不感兴趣？有时候我们会遇到一些人，他们一开始并不会关注我们，我们就会觉得这些人比较自大或者对别人不感兴趣。你需要被喜欢或者被关注，是你自己的问题，还是别人的问题？也许他们只是害羞。

3. 主动寻找一些共同点，问一些问题，最终会发现联系的。

4. 如果能找到共同的内容，你们的交往就会更深一步。

第十一章

获得对方信任首先要信任对方

那是一个完美的夜晚，20年后我仍然记忆犹新。

我和妻子在巴黎一家著名的饭店用餐，孩子在宾馆由保姆照看。从一个窗户望出去，你能瞥见埃菲尔铁塔，在黑夜的映衬下格外耀眼。一轮满月当头，一切都很诗情画意。

我们就餐的饭店刚刚得到一个米其林二星的评定，最高等级是三星。只有极少饭店可以达到这个等级，我们听说两星的饭店和三星的饭店差别不大，价格却能便宜一半。

这个饭店的菜式和我们想象的基本一样，开胃菜我们点的是松露清炒小龙虾（这是一些粉色的小龙虾，意大利语叫scampi）。主菜我点的是烤乳鸽，妻子点的是白酒煎小排骨配时蔬。哦，红酒，我们点的是服务生推荐的美味的波尔多红酒。

服务简直无可挑剔，既没有太严肃也不是很随便，我们仿佛置身美食天堂。

我们尽情享受着这个夜晚，但是美好的事情总会有结束的时候，我们又喝了几杯陈年阿马尼亚克酒（一种法国白兰地）就准备结账。服务生把账单拿了过来，我小心翼翼地掏出信用卡放在了账单上面。好吧，价格确实不低，但是很值得。

服务生回来拿账单，我立刻察觉到有点不太对劲。服务生的脸上有一种关切又严肃的表情，他看着我的信用卡眉头微微一皱，"Je suis tres desole, monsieur."（你有没有觉得法语说出来听上去就会很特别？比如"savoir faire"的英文翻译就是know-how，是技巧的意思，可是完全不符合。）

我明白——他是对什么事情感到很抱歉，发生了什么？他为什么要道歉？他继续用英语说了一遍："我们只接受现金。"

我感到很无助，浪漫的气氛马上烟消云散。我摸索着掏出钱包，但是我完全不知道有什么能够支付我们的豪华大餐。我只有100法郎现金，只够买我们喝的矿泉水。

服务生耐心地站在那里，我们僵持不下，"很抱歉，我不知道……"我想象着宪兵队出现把我抓走，想起了《悲惨世界》里的冉·阿让，因为偷了一条面包而遭到监禁（但是什么也比不了我们在这里吃的一顿晚餐），我羞愧得直不起腰。

突然出现了一线生机。

"您住在哪个饭店？"服务生问道，我们告诉了他。"不要担心，"他说，"我来想想我能做些什么。"5分钟后他回来了，"没问题了，我告诉了您的饭店，他们说他们会解决的。"我和妻子交换了一下眼神，真是有惊无险啊。

饭店和酒店都很信任我们，他们认为我们诚实而且目的单纯。

你也许会想："这对于他们来说很容易，酒店起码可以担保这种账单。"没有那么简单：这种情况需要高度的信任。让我们不付钱就离开饭店和饭店拿到饭钱这一段时间，什么事情都可能会发生。

最近，我在纽约一家牛排餐厅看到了一个相似的事件。一位来自意大利那不勒斯的游客，是一名律师。他吃完晚餐之后发现自己把信用卡落在酒店了，他问服务员自己是否可以回酒店拿了信用卡再回来，他提出可以把iPhone手机留下作为担保。

完全不行！饭店叫来警察，逮捕了这个人，这名游客只好在监狱里待了一晚，第二天才被法官判决释放。

游客和警察说了两个不同版本的故事，因此并不清楚究竟发生了什么。也许这个游客是真的想吃霸王餐，或者假如牛排馆的员工愿意多一点信任，他们就不会在纽约的报纸和国家晚报上被报道成混蛋。

我们在巴黎的那一晚也可能很糟糕地结束，但是因为饭店已经准备好信任我们和我们的酒店，结局很愉快。结果就是，我始终坚持向周围每个要去法国的人推荐那家饭店和酒店，我可能已经为那两个地方创造了几万元的收益。

我们生活在一个信任度低的世界，第二次世界大战以来，我们对商业、政府和他人几乎各方面的信任度都在降低，在许多情况下，这种信任度下降是无缘无故发生的。

但却出现了一个恶性循环：如果你不给予他人信任，对方也不会信任你。因此第11条法则很重要，你必须给予信任以换取信任。有一个必然的法则，就是人们会成为你相信或期待他们成为的样子。

如果你认为客户总是在试着压价或者剥削你，那么你的行为就会反映或者强化这种不信任感，这样你在业务过程中，就会很吝啬分享想法和价值观，还会不自觉地对客户生硬冷漠，你缺乏信任的态度就会使得建立健康的关系几乎不可能。

这条法则同样适用于朋友和爱人，如果你不愿意相信他们，他们也不会信任你，更糟的是，缺乏信任会让他们失去自信，不信任会产生恶性循环。

不论是工作中还是生活中，你在和他人交往时，都要假设他人的意图是好的。你要愿意主动架设一条信任的链条，这将有益于你遵循第十一条法则：获得对方信任首先要信任对方。

如何将第十一条法则应用于实践

"获得对方信任首先要信任对方。"

以下5个方法可以帮助你在人际交往中建立信任：

1. 预估信任的风险。风险越高，信任越难。是什么在阻止你？会给你造成什么坏处？

2. 了解信任的核心。信任的感觉是他人会尊重你的利益，同时满足你对他们的期待，信任的一些特别的要素包括：

能力：你必须相信他人有能力和经验完成他们要做的工作。

正直：如果你在他人眼中是一个正直的人，就证明你是一个诚实、可靠、始终如一的人。

工作重心：你在信任他人之前，会想要知道他们只是关注自己要做的事项，还是同样专注于帮助你实现你的要事。

3. 相信他人的意图是好的。从相信他人的意图是好的开始，否则不信任的恶性链条就开始了。

4. 信任他人但是要证实他人也想取得你的信任，你可以给予信任来获取信任，同时要确保他人会通过行动持续地获得你的信任。

5. 通过行为建立信任，而不是语言。当你说："相信我！"只会让人有出钱购买的意向，要扎扎实实地用行动表示你是值得信任的。

第十二章
与客户沟通屡次失败，试试改换环境

2008年11月25日，时任花旗银行执行总裁的詹姆斯·巴德里克到达印度的孟买机场，刚下飞机的乘客被潮湿的空气团团围住，巴德里克慢慢从人群中走过。当时，他是花旗银行欧洲分行、中东分行和非洲分行的联合执行总裁。

那时巴德里克46岁，有着热忱的头脑，待人平和，而且对客户全情投入，这些都促使他迅速进军世界上最大的银行之一成为管理者。他年轻有为，身体健康，散发着阳刚之气，而且平易近人，善于劝服别人。

巴德里克在其25年的银行工作生涯中，经历过所有你能想到的职业危机，但是未来不到24小时内要发生在他身上的事情，是任何事情都不能相比的。

第二天，也就是11月26日，巴德里克见到了一家长期合作公司的CEO，接下来三天他们要一起在印度巡查，找到能够扩展这位CEO所在公司业务的途径。巴德里克和客户关系良好，尤其在当时显得联系尤其紧密。

接下来发生了一件事。

"我与汉斯还有当地的一位律师拉杰共进晚餐，就在孟买市中心的欧贝罗伊饭店。"詹姆斯·巴德里克告诉我，"汉斯是我一个多年的老客户，我们在很多方面帮助了他所在的那家大型跨国企业，我们给他们贷款，是这家公司在企业并购和资本市场的主要投资银行。

"当时我们一边喝咖啡，一边讨论怎样在印度一家跨国企业做生意。突然，我们听到了枪声，就从楼梯那边传来，嘭，嘭，嘭。

"枪声很响，发生了真实的现场火拼，还时不时传来尖叫声。我的心跳加速，汉斯、拉杰和我面面相觑，僵在座位上不知所措。

"接着传来大堂经理的声音，'待在原地不要动，就坐在那里。'一些想站起来的客人马上坐了下去，此时不仅枪声没有停息，又出现了叫喊声。

"情况越来越糟糕，有人从楼上下来，'走吧，我们不该待在这里。'我们从椅子上跳起来，穿过厨房和后门，跑到了饭店的后院。在我们奔向厨房的时候，身后的枪声和喊声越来越大。"

詹姆斯和汉斯还不清楚，但是很不幸他们已经卷进了最近报道的其中一次最危险的恐怖袭击，单是那天就有12宗枪击案和炸弹袭击发生在孟买，造成164人死亡，308人受伤。

詹姆斯继续讲述他的故事："后来我们知道恐怖分子在吧台杀了6个人，就在我们就餐的饭厅旁边。

"我们穿过厨房，那里简直一团乱麻。人们一边尖叫一边来回跑动，把食物打翻在地。汉斯、拉杰和我决定尽可能地远离枪击，就冲进了宽阔的厨房后方。

"离开厨房，饭店工作人员把我们带进了大宴会厅，最终，那里汇集了上百人。我们坐在一片漆黑中，听着楼下的枪声，两声之后我们听到巨大的爆炸声，我怀疑是手榴弹，气氛非常紧张。尽管每个人都有手机，但是没人知道到底发生了什么。

"我们确信警察会随时冲进来，处理这桩我们认为是独立的意外事件——也许是几个狂热的持枪者想要发表疯狂的政治宣言，我们等着灯会突然亮起来然后得到通知一切都结束了。但事与愿违，我们只能持续等待，试图控制自己的恐惧感，恐怖分子随时会冲进来把我们全都杀掉。

"我们等着，等着，四周有零散的枪声和间隙的喊叫声。我们非常疲惫，又热又渴，浑身是汗，但我们不敢回到饭店的主要区域。最终，我们知道一场严重的袭击正在发生，整个酒店都被武装恐怖分子控制了，我们被困住了。虽然还没被发现，但我们很明显就是人质。

"当时饭店的员工告诉我们应该从消防通道逃离，跑到街上。

"我们打开了紧急出口，悄悄跑到了饭店后面的小路上，我们当时不知道，但是很快发现警察和反击恐怖分子的部队已经包围了整个酒店。他们正在攻击恐怖分子，任何从酒店逃出来的人都处于被射杀的危险——被警察射杀。

"我们能听到饭店里面传来的枪击声，不断有爆炸袭击。我们顺着小路走，希望它能带我们离开酒店，但是我的心跳并没有减慢，而是跳得越来越快。

"我们挤在那条小路上走着，想着它能带着我们到警察包围的安全地带。但是我们突然听到从右前方传来枪击声，一辆高速吉普车歪歪斜斜地向我们开来，汽车引擎里冒着火花，车上坐着很多恐怖分子，之后我们才知道是警察为了阻止他们开枪射中了汽车后轮胎。

"现在他们径直向我们开来，枪火不断。我们调头向相反方向跑去。我们穿着皮鞋尽力狂奔，吉普车越来越近，车上的枪火也不断飞来。

"我们瞥见了路边的一个垃圾堆，这是酒店的废物回收站。

"'看那边！'我叫道，'我们可以藏在那里。'吉普车越来越近，我的肺部在燃烧，这是我所经历过的最恐怖的时刻。汉斯、拉杰和我跳上了垃圾堆，我们听到了更多枪声。我们努力把垃圾袋扒拉开，藏在下面。

"你简直无法想象好几十包饭店的废弃物里面那股腐败的臭气，腐烂的食物，垃圾箱底部黏糊糊的液体，或许还有老鼠，但是没人在意这个了。我们活下来了，他们没有发现我们！枪击声越来越远了。

"最终外面安静了下来，但我们不敢动，不敢离开安全的垃圾箱，

半个小时过去了，也许过了一个小时，最终我的客户汉斯小声对我说，'好吧，我想今晚是我们永远难忘的一晚。'

"破晓时我们终于安全出来了，拉杰把我们带到附近他姐姐家里，我们最后的一个障碍是一群凶恶的流浪狗，不过这和刚刚的危险比起来都是小威胁。

"拉杰的家人一直在等我们，他们给我们倒上水、咖啡甚至威士忌，然后是一顿美味的印度早餐，汉斯和我直到今天仍然记忆犹新。

"每个留在饭店的人都成了人质，恐怖分子在饭店杀了36个人。我们三个是死里逃生，分分钟的事情。"

听完詹姆斯的故事，我简直惊呆了，一时语塞。"好吧，"我终于说，"你们两个人真是经历了一场劫难，你们现在的关系如何？"

"当你们共同经历过那样的事情……"詹姆斯的声音逐渐减小，"两人之间有过那样的经历，会改变一切，你们之间会拥有强大的联系。"

詹姆斯·巴德里克的故事向我们说明了第十二条法则：改变环境会深化彼此的关系。

希望你们不要像詹姆斯和汉斯那样在那种情境下体验这个法则，但是孟买垃圾箱中的处事原则在更舒服的环境下同样有效。

考虑一下你自己的人际交往。当你跟某人一起经历了一些特别的事或者来到一个新的环境会发生什么？也许你会带一个客户去一座你们都没有去过的城市开会，然后花几个小时共进晚餐。你们更了解彼此，因为你们会聊一些平时不会说的话题，这种关系就会得到加强，加深并拓展，和你的客户花更多时间在办公室永远达不到这种效果。

改变环境也会深深地影响家人和朋友的关系。我和家人永远不会忘记我们在犹他州一起进行的一次为期九天的漂流旅行，其间非常险峻，我们遇到了和蜂鸟一般大的蚊子，还有蝎子和水蛇，在难以忍耐的高温下，身体疲惫不堪。但是今天我们想起这段旅行只有欢乐，它将我们联系在了一起，让我们关系更加紧密，因为它创造出了非常美妙的共同回忆。

和你生命中最重要的人一起做一些创新的举动。把客户约在办公室之外，带你的另一半去一些不同的地方，这样做会激活第十二条法则："改变环境会深化彼此的关系"。

如何将第十二条法则应用于实践

"改变环境会深化彼此的关系。"

社会科学家已经验证过这条法则，他们集合了两组结婚多年的夫妻，几乎所有的夫妻都有一个习惯——享受"约会之夜"：每周他们都会外出去一家最喜欢的餐厅或者一起看电影。一组保持这个习惯，每周都去同一个地方。

科学家对第二组的要求是改变他们的安排，每周他们都会选择一个不同的地方去，做不同的事情。比如，他们一周去看电影，下一周去博物馆，再下一周去晚餐，等等。研究的结果，第二组夫妻的测试表明他们的亲密度和爱恋度比第一组明显高许多。

给你的建议是：改变环境。

以下步骤可以帮助你使用第十二条法则：

1. 带客户进入新的"关系环境"，邀请他们参加会议，换个环境，邀请他们来你的办公室做客。

2. 把钱用在与你最亲近的人创造不同的体验上，不要总是购物。经济学家们的研究发现，把钱用在制造体验比用在购物上让你更快乐。

3. 充满想象力地创造新的人际交往体验，去一个你从未到过的地方，或者在你家乡的城市度假，每天探寻这个城市新的一面。

第十三章

时不我待

"对你的一生影响最大的人是谁？"

我还没想好怎么回答这个问题，当我想深入他人的内心或者想法时就会问这个问题，有趣的是我从来没问过我自己。

罗西塔看着我，充满期待地等待着。她是墨西哥Roforma报的记者，多年来我一直和墨西哥的各种非营利组织合作，管理公民事务的墨西哥内阁总理对于我为墨西哥人民所做的贡献予以赞扬。

我在几百位参加颁奖典礼的观众瞩目之下，试着理解罗西塔的问题，一个摄影师不停在抓拍，到处都是麦克风，是电台和国家电视台用于采访的。

"那么请告诉我，"罗西塔用流利的英语问道，"对您的一生影响最大的人是谁？"我确实没有怎么考虑过这个问题，但是现在我不得不回答。

"我的父亲。"我回答道,几乎是脱口而出,从未这么大声地说出来过,我自己肯定都没这么清楚地意识到过。他对于我的人生影响最大,我当时都没认识到,这是我最重要的关系。

噢,我可以说出无数个故事,父亲教我骑自行车,尽管他自己从来都不会骑。

我记得还有一个故事,四年级时我坐在乔治·莫里森旁边,乔治是班里的小霸王,个头很大,总是找我的茬儿。一天下午放学,乔治把我推来推去,人群迅速聚拢过来,我们打了起来。我以前从来没打过架,结果相当惨烈。回家时我的鼻子破了,还有一只熊猫眼,父亲说我们需要做一些严肃的活动。

他不是想让我打架,只是想让我学会保护自己。父亲告诉我要怎样出手,脚该放在哪里,怎么躲避。

三个月后,乔治又一次挑衅我。我们站在操场上,他不断推搡我,我们打了一架。这次,换作乔治带着受伤的鼻子和熊猫眼回家了。

我记得还有一次,父亲和我在海滩上散步,他让我捧起一捧沙子,说:"用尽全力挤。"我照做了,所有的沙子都流了出去,一点都没剩下。

接着他又说:"再捧一把沙子,这回就放在手掌上。"所有的沙子仍待在原处,"生活就是如此,如果你把一些东西抓得太紧,就会流走,那么请保持开阔的头脑和心胸。"

在我的成长过程中,一直都有这样的智慧名言,从父亲身上的学到的经验可以让我持续前进。

随着年龄的增长，我又从父亲身上学到了很多。比如，不论我们外出去哪儿吃饭他都会说他忘了戴眼镜，这样我就需要为他阅读菜单上的内容。实际上这一点都不会让我困扰，我只是好奇他为什么每次都不戴眼镜。直到后来我才知道，他不会阅读，三年级时他就辍学了。

父亲总是用寓言故事的形式来教我价值观和道德观——虽然他可能不知道每个词都是什么意思。就是现在我在写这段故事，那些时刻仍不断在我脑海里浮现。

再之后，父亲年事已高不能照顾自己，住进了疗养院。我去探望他，看着他慢慢老去，感受不到一点快乐，大多数时候这样做是出于责任。

一天我接到一个电话，说父亲在睡梦中去世了。

我突然想到，我一次都没有告诉父亲他对于我来说有多么重要，一次也没有，我从没告诉过他我爱他，一次都没有。

我现在写下这段内容的时候仍然在想，为什么我要等待？难道有什么东西不允许我表达内心的感受吗？即使现在，我还在惩罚自己，"上帝，上帝，要是您能再给我一天和父亲相处该多好，就一天。"

我会告诉父亲那些词都是什么意思，我会说我爱他，我会让他知道他在我的人生中产生了多么大的影响。我会告诉他我在他身上学会的所有重要经验，我会让他知道他对我有多么大的意义。

现在我来讲讲第十三条法则："要及时告诉对方他们对你有多重要，不要等待。"

　　不要等待，要及时告诉对方他们对你有多重要，不要让机会从身边溜走。

　　行动起来，对于那些和你亲近的人，你的家人、朋友，特别是导师，要及时让他们知道他们对你有多重要。

　　不要等待。

　　想到父亲，我想起了二战时的那首流行歌曲："我们会再次相见。"

　　想想看，假如你身边的人能亲耳听到你说他们对你的人生有多重要，将会给他们带来多大的欢乐。遵循第十三条法则，从今天开始：要及时告诉对方他们对你有多重要，不要等待。

如何将第十三条法则应用于实践

"要及时告诉对方他们对你有多重要，不要等待。"

思考一下如果有人对你说，你对他们来说很重要，将开启一段连锁反应，你要开始告诉别人他们对你有多特别。

1. 给那些以特别方式影响过你的人列个清单，开始时先写5个人，谁给过你爱与支持？哪位老师很重要？谁激励了你？

2. 在那个人的名字旁边，写下他为什么很重要。列出你从他们身上学到的2~3件事情。

3. 现在，和名单上的每个人谈谈，和他们共进午餐。给他们亲写一封信（不要发邮件），给他们打电话，用亲近的方式和他们联系。你可以这样开场："我想我可能从来没这样跟你说过，但是我想让你知道你对我有多重要……我从你身上真的学到了很重要的东西，我想跟你分享一下……"

4. 最后，鼓励别人也这样做。你可以问一个同事或者朋友，"生活中谁对你很重要？"然后问问他们，"你有没有分享过自己的感受？"

第十四章

帮助别人就是帮助自己

"我坐在客厅里，这是父母在新泽西州查塔姆市的房子，当时是7月的一个温暖夜晚，9点钟，有人敲门，这在晚上这个时间非常奇怪。"

"你必须明白，"我的朋友史蒂夫向我解释，"查塔姆不会有人在晚上9点钟敲门，那是个小镇，晚上人们睡觉都很早。

"巨大的敲门声吓了我一跳。我都不确定自己是不是该去开门，我母亲在海滩上，父亲和我在后院里看棒球比赛。

"那是夏日里一个闷热的夜晚，我整个夏天都在纽约工作，20分钟前刚到家。

"我站在大门前，又听到一声敲门声，最终我打开了门，站在我面前的是一个年轻的非裔美国人，穿着蓝色的美国空军制服。他站得笔直，制服笔挺，我非常困惑，以前从来没见过这个年轻人。

"'请问法伊弗先生是住在这里吗？'我在想，这个人是谁？

"'法伊弗先生？您是说本·法伊弗吗？那是我父亲。'

"'是的，正是本·法伊弗。'

"'我去叫他，请进，您尊姓大名呢？'

"'我叫克莱伦斯，叫我克兰西也可以，姓威廉姆斯，先生。'"

我先来给你讲讲史蒂夫·法伊弗吧。这个故事发生40年后他回忆起来，他刚刚从美国一所顶尖律师事务所卸任理事一职。

史蒂夫连续三次被合伙人选举为理事，10年内连任了3次。最近，经过几年的认真研究和广泛讨论，他所在的公司决定要和诺顿·罗斯联合打造一个国际机构。在匿名选举中，百分之百的员工都同意合并。在一个非常强调个性化的公司，能够实现鲜有的一致是非常难得的。

为什么史蒂夫会赢得这么多次选举？这就是领导力。他非常聪敏而且有非凡的判断力，同时他和人相处时谦和、圆滑、真诚。史蒂夫懂得如何让人信服，用目标和策略把员工团结到一起。

这就是史蒂夫，也是为什么我不喜欢看他的简历的原因，成就太多了：美国海军预备队司令，卫斯理教派沃森研究员，罗德学者，耶鲁大学法学院高才生，卫斯理工会信托董事会主席，国际关系委员会主席，法律公司总裁，等等。看着他的成就，我觉得自己像是一个前途不定的后进生。而且不像其他成功人士，史蒂夫一直都平易近人，他与华盛顿到纽约的列车上的列车员聊天的时间跟他和客户公司总裁聊天的时间一样多。实际上，他可能和列车员还聊得更久，尤其是谈到洋基队^①的时候。

查塔姆那个潮湿闷热的晚上发生的事情就很好地解释了史蒂夫·法伊弗为何取得今天的成就，同时有关于人际法则第十四条。

现在让我们回到神秘的克莱伦斯·威廉姆斯的故事吧，史蒂夫继续讲故事。

"我走进厨房喊我父亲，父亲出来，脸上突然浮现一个大大的笑容，他欢迎克莱伦斯，好像是见到了失散多年的儿子。他们亲切地讨论着克莱伦斯在美国空军的事业，问候了克莱伦斯的母亲。看着他们的交流，我十分困惑。这个年轻人不是刚刚认识我父亲，父亲对他的态度就好像他是他的亲生父亲！而且他们之间的交流很亲密，但我在家从来没听过这个年轻人的名字。他们聊天拥抱，一个小时以后，克莱伦斯·威廉姆斯离开了。

"当天晚些时候，我终于知道谁是克莱伦斯·威廉姆斯了。

"我父亲曾经在邻镇做一些财会工作，是扶轮社^②的主席，早期他是查塔姆镇的镇长。当时他的办公楼里住着一位单身妈妈，独自抚养孩子，其中一个孩子就是克莱伦斯，这位母亲当时生活非常拮据。

"当时我父亲一直都在帮助这位单身妈妈，而且非常关心她的孩子。克莱伦斯上高中的时候，邀请我父亲谈谈关于他未来以及人生的

---

① 洋基队，美国职业棒球大联盟中隶属于美国联盟东区的棒球队伍之一。——译者注
② 扶轮社是依循国际扶轮的规章所成立的地区性社会团体，以增进职业交流及提供社会服务为宗旨。——译者注

事情。显然，我的父亲告诉他要么去上大学要么参军从而获得一些经验。做着一份低薪的工作或者更糟的情况是高中毕业后闲晃最终惹上麻烦，从我父亲的角度来说这绝不是一个好的选择，克莱伦斯后来选择了参军。

"我长大些才知道父亲经常做类似的事情，只要有能力，父亲就会尽可能想办法帮助周围的人。他从来不会宣扬或者谈论正在做的事情，因此我从来没有听说过克莱伦斯·威廉姆斯。

"我记得10岁那年的一个周日，我们一家人刚从教堂出来，我注意到一辆闪亮的全新凯迪拉克经过，在我眼中那辆车太奢华了，里面坐的是教堂的一个教友还有他的家人。'哇哦，'我和父亲说，'看他们开的新跑车！他们一定赚了很多钱。'

"我父亲在人行道上停了下来，他转过来用一种严肃的语气说：'你不了解那家人和那辆车。有人开了那样的车，你不知道他们是不是借钱买的，有可能他们是自己买的，也有可能他们自己是买不起的，你都不了解。永远，永远不要凭借外表评判一个人，绝不要高看或者瞧不起任何人。'"

回忆了有关父亲的这些事情，史蒂夫补充道："作为一个基督徒，我懂得《圣经·新约》里那个善良的撒玛利亚人的故事，耶稣基督教会他的追随者'像爱自己一样爱自己的邻居'。一位律师就问耶稣：'谁是我的邻居呢？'耶稣就给他讲了一个撒玛利亚人救治受伤路人的故事。我父亲不是只讲大话的人，他真真切切地做到了。"

史蒂夫告诉了我这个故事，我也逐渐明白了其他事情。

现在我能明白为什么史蒂夫对列车员和大公司总裁都能保持友好温和了，为什么他能默默地教导一帮单亲孩子，一直帮助他们负担学费。为什么他常常让来自非洲国家的卫斯理大学毕业生住在家里，几周或者几个月，有些是假期在这里，还有些可能待到他们找到工作。为什么最近他帮助了一位来自非洲塞拉利昂共和国的女生取得了来美国旅游的签证，因为这位女生在家乡遭到了强制的割礼。为什么他会在希望工程项目的指导委员会工作，还有其他的NAACP法律保障委员会，以及教育基金会、非裔美国人机构还有很多其他机构工作。

史蒂夫用非常简洁的话语对我总结，同时也是第十四条法则："我的父亲教会我，你总是要寻找方法帮助身边的人。你总是可以做一些事，即使是非常小的事情，你身边总会有人需要帮助。"

> *"伟大的天赋就意味着伟大的责任。"无论是工作还是日常生活，总会有机会实践第十四条法则："事情无论大小，你总可以做些事情帮助身边的人。"*

如何将第十四条法则应用于实践

"事情无论大小，你总可以做些事情帮助身边的人。"

研究人员一直在为利己主义寻找一种科学的解释，从很早开始，人们一直学习如何实践科学家称为互利主义的信条。简而言之，就是如果你帮助别人，那么他们会记住并帮助你，这种行为能够帮助一些社会群体渡过危机时刻。

汉密尔顿规则是另外一个贡献，由W. D.汉密尔顿研发，它讲述的是我们帮助别人或拯救别人的意愿取决于我们和另一个人的关系，因此你会更有可能拯救自己落水的兄弟而不是一个远亲或者陌生人。

最后，关于幸福的现代研究表明，当人们服务于他人的时候，他们会对自己生活感觉更好，很少产生抑郁情绪。

这些都是很有趣的发现，但是还没有什么能完全解释帮助别人的意愿从何而来，以及为什么会给我们带来满足感，我们在内心深处都知道这么做是对的。

因此四处看看，找找方法，不论大小，帮助身边的人。比如以下3个方法：

1. 做一些小事：开门，帮别人把行李放到头顶的行李架上，在地铁上让座；

2. 每天都问一个你喜欢的人、朋友或者同事：今天有没有什么我可以帮助你的？

3. 想一想你可以帮助别人的一件更大的事情，对于你来说那是什么？你有什么机会来实现？

第十五章

即使失败了九十九次，也可以再试第一百次

玛丽·埃伦·罗杰斯是一个明星，超级明星。

她在著名的德勤会计师事务所肩负主要职责，在此之前，她是美国实地经营公司的经理合伙人，德勤在四大公立会计师事务所中排名第二。

玛丽·埃伦是公司高级运营委员会成员，2012年她成为全国最具影响力的女性之一。

玛丽之前的职位是密歇根州西部大急流城分部的负责人，她是这家百年历史的公司里三位在重要部门担任领导的女性之一。通常，把工作做得最出色的人是女人！

这些会让你对玛丽·埃伦的高效有一个印象，作为重要分部的领导，玛丽在7年时间里就把业绩翻了三倍，这一点应该值得你注意！

我坐在她身边，跟她谈论有关她工作的情况，尤其是想知道玛丽是如何维护客户关系，并显著地提高业绩的。

"有时，"她告诉我，"要达到一段关系的最佳状态要花很长时间，需要坚持，有时候更像是一场马拉松长跑而不是冲刺。"

"值得一去的地方通常没有捷径，一段稳固的关系往往就是坚持和机遇的结果。"

然后玛丽给我讲了一个精彩的故事。

这是有关耐心培养一段非常重要的关系的故事，证明了不屈服的毅力能点燃闪光的结果。

"我花了5年时间培养并发展了跟一个巨大的潜在客户的关系，"她告诉我，"是的！5年！他们跟我们的竞争者合作了40多年。

"我打过电话，发过信息，有时就是露了一下面。一开始我和财务部的某人建立了一段弱关系，然后那个人把我介绍给了主要的财务负责人。

"从此以后，我发现了一个联系主要负责人的方法。首先我通过一次社区活动把自己介绍给对方，然后，我不断想出一些方法能够常常见到对方，每个月都如此。有时候我到他办公室拜访，其他时候我还实现了邀请他参加一些公司活动，或者社交活动，或在其他场合见面。

"我从来不会跟他说起我们的业务，一次都没有。我从来不会聊起我们的专业领域或者其他客户，从不。

"每次我们见面，我都会有新的想法，一些创意，能够对他的工作有帮助的想法，因此得到了他的注意。

"我们的关系随着时间深化，我知道他见到我时总是很开心。我跟这位繁忙的CEO邀约时从来没失败过，为什么？因为我总是做功课，我总会有些有趣的信息或者建议跟他分享。

"'玛丽·埃伦，你从市场中看到了什么？'他会这样问我，因为他想知道别人是怎样处理他所面对的一些事情和挑战的。

"一天，他给我打电话：'过来聊聊吧，玛丽·埃伦，今天咱们来聊聊德勤的事情。'那是5年之后的事情了，5年！

"这段关系发展得非常缓慢，我就顺其自然，很多人说我的进展很快，只有我知道这是非常耗费时间的。"

（是的，玛丽·埃伦的引擎只有两个挡位，快和更快。）

"这件事真的与我们的专业和我们在行业中的地位无关，只是一段和这位CEO相互信任的关系并不断给他带来新的想法。"

玛丽·艾伦的故事说明了一个很强的人际交往策略：你要表现得就像一段你渴望的关系现在已经确立了，玛丽对待这位客户就好像他已经是一位有价值的客户，最终他确实成了一个有价值的客户。

没有人真地想接受推销，这就是为什么最伟大的推销员都是把潜在客户当作其真正的客户对待。他们深入了解现在客户的工作，给管理者带来新想法和有价值的市场信息。

这个策略在其他方面同样适用，比如，一个经理获得了顶尖的营销岗位正是因为在最终的求职面试时带了一份20页的营销方案重新定位企业的产品。他表现得就像是他已经得到了这个职位，而且他也确实做到了。

　　想跟朋友或家人有一段不错的关系吗？那就先假装你已经拥有了你渴望的这段关系，你要非常慷慨、善良、有耐心，这样才会吸引对方。

　　另外，玛丽·埃伦还是一颗冉冉升起的新星，有人预测她会成为四大事务所之一的首位女性总裁。

> *像真正的客户一样对待潜在客户，他们就很有可能会真的成为你的客户，这就是第十五条法则。遵照这条法则行事，你也会像玛丽·埃伦那样把业绩翻三倍的。*

如何将第十五条法则应用于实践

"像真正的客户一样对待潜在客户，他们就很有可能会真的成为你的客户。"

你是怎样对待你最重视的一个客户的？看看下面这个列表，想想你怎样为你的一位重要的潜在客户做其中一些或者所有的事情，以下是你会对一位现有客户所做的事情。

1. 经常和对方见面。

2. 告诉他们能够促进业务进展的想法。

3. 当他们面临挑战的时候，告诉他们你的其他客户在应对相似挑战时会怎么做。

4. 分享有价值的市场信息以及关于他们竞争对手的见地。

5. 把他介绍给你朋友圈里其他一些相关的人。

6. 邀请他参加你公司举办的活动。

7. 邀请他参加一些社交活动。

8. 精心安排一次拜访，看看另外一位客户的做法——一家已经实施了他们正在考虑的解决方案的公司。

9. 邀请他参与你正在进行的一些研究。

10. 邀请他在你主持或者参加的会议上发言。

11. 在行业或专业奖项上推荐他们。

12. 关注他们在慈善方面和在社区中的事业。

为什么不用这样的方式对待潜在客户呢？

第十六章

示弱是一种力量

1952年9月23日，距离美国总统大选只有几周了，前将军德怀特·艾森豪威尔，共和党候选人，选择了一位前景光明、大有上升之势的年轻议员理查德·尼克松作为副总统竞选伙伴。但关于尼克松，舆论方面不断有争议想要毁掉他的政治生涯，把他从候选人中抹去。之前的一个月，竞选活动中用掉的18000美元费用引起了巨大骚动，尼克松的对手说这笔钱可能是非法用于竞选或很有可能被某人贪污了。事实并非如此，尼克松在这件事上是无辜的，然而他的候选资格却被取消了。

你很有可能不喜欢这个故事的主人公，甚至还会反对我在这本书中提到这个人物。我不会责怪任何一个有这样想法的人，尼克松当选总统以后确实撒过谎也犯下了罪行。但是这堂课，这条人际交往法则非常强大，我希望各位读者都能记住并且使用它，这个例子会让你铭记这条法则。

回到尼克松的故事。

当时连感受到反对他竞选伙伴浪潮的艾森豪威尔，也给尼克松施压让他退出，他告诉尼克松应该声明放弃竞选副总统的职务，这很有可能成为尼克松政治生涯的终点。

尼克松却选择了一个高风险的策略：他决定直接上电视告诉美国民众要重申他的案子。他想要把庭审的注意力从媒体转向美国民众，600万美国人或看到或听到了尼克松发表的这个关乎其性命的演讲。

"今天我以美国副总统候选人的身份，同时是一个诚实廉洁但受到质疑的人来到大家面前，"他开始了演讲，"回应污蔑和纯粹的误解最好也是唯一的答案就是说出真相，这就是我今晚来这里的原因。"

接下来尼克松提供了很多竞选花费方面的细节，也分享了关于生活的细节。30分钟的直播中有7分钟的细节，尼克松还谈到了他的妻子帕特。镜头切换到了整个场景，帕特·尼克松也在台上，她坐在丈夫的桌子旁边，充满爱意地看着他，这是人们没有想到的。

"我是1913年生人，"他继续说，"我的家庭并不富裕，早些年我的大部分时间都在东惠提尔市的小卖部里工作，那家零售店是家里所有的财产。那家店之所以能一直经营下去是因为我父母养育了5个儿子，我们都在店里打工。

"我一直上到大学法学院，然后1940年，发生了可能是我人生中最好的一件事，我和帕特结婚了，她就坐在那儿。"

有人指控尼克松用竞选的钱给他的妻子买了一件貂皮大衣，尼克松说："帕特和我感到非常满足的是，我们每次得到的东西都实实在在地属于我们，我还应该这样说，帕特没有貂皮大衣，却有一件值得人尊敬的共和党制服。我总是告诉她，她穿什么都好看。"

最终，尼克松的演讲用了决胜的一招打动了6000万观众：他们收到的一个礼物——一只可卡犬①，取名查克斯。

尼克松承认他们确实收到了一位政治上的仰慕者的礼物，但却不是大多数人所想的那种：

"我们确实收到了一些东西，一份礼物。我的小女儿特里西娅，只有6岁，她给小狗取名查克斯，你知道的，孩子们都喜欢狗，我现在只想说，不管别人怎么说，我们都会留下这只小狗。"

最后，他在结束这场谈话时透露出极度的脆弱，把自己的命运交给了观众，他是这么说的："不管你们认为我是该留下（候选人名单）还是该走人，请致电或写信给共和党国家委员会，不管他们的决定是什么，我都会承受。"

这就好像尼克松赤裸着跪在刽子手的行刑台上，对众人说："你们来决定我的命运，不管你们说什么我都会承受。"

尼克松的亲情牌收到了强烈的反响，回应迅速，热情高涨的民众包围了他所在的酒店。因为此次的演讲，尼克松最终收到了400多万

---

① 可卡犬，一种英国小猎犬。——译者注

张卡片、信件和电报，支持尼克松继续与艾森豪威尔一起的竞选结果是75比1。

历史学家说，这次的演讲巩固了美国中产阶级对尼克松未来整个政治生涯的支持。对于尼克松的怀疑获得平息之后，尼克松和艾森豪威尔在总统选举中大获全胜，共和党人在1953年1月入主白宫。

尼克松的"小狗查克斯"演讲证明了第十六条法则：示弱是一种力量。当你在用感情示弱时，会让周围的人和你联系起来，他们会支持你，想要帮助你，这样会产生一种强大的联系。

有些人指责尼克松的演讲非常做作，甚至有人为操作的嫌疑，但大多观众看到的是真诚和无助。尼克松展示了他是一个普通人，是人民大众的一分子，他把每件事都摆在台面上让所有人都看得见，他把自己放在了众人的怜悯之中。

是情感控制还是真诚为之？我读过好几个版本的尼克松自传，也看过这场演讲的视频，我相信他是真诚的，那天晚上看到或听到这场演讲的6000万民众应该也是这么想的。尼克松在后来的政治生涯中确实说过谎话，但是"查克斯"演讲他说的是实话。

正如我所说，你可能会反对我用理查德·尼克松的例子来说明人际交往中使用情感示弱方式的积极作用，这个例子甚至会激怒你！但是它却产生了强有力的戏剧性作用。

不管好坏，30分钟的自我表白改变了近代美国历史，没有它，尼克松的副总统候选资格早就夭折了。

现代心理学家的研究表明，尼克松凭直觉了解：情感上示弱能够激发人际关系的亲密。无论你是男人还是女人，这个想法都有可能让你不安。我来解释一下。

情感示弱的意思不是要你向他人展示你有多么脆弱，而是要分享情感并与他人创造情感共鸣，是要展示不经修饰的诚实和自白。承认自己的弱点可能只是情感共鸣的一部分，但不是主要部分。

这种解释有很多科学依据。有一项研究，是让一组受访者在跟别人相处时多一些真诚。要求受访者不能说谎，无论大小。经历过10周诚实度得到大幅度提升的相处之后，他们和另外一组没有接到特殊指示的控制小组受访者一起接受对比评估。

研究组比控制组每周少说三个谎话，数据显示他们明显在身心方面更加健康，并开始相信自己是很诚实的人。最重要的是，研究报告称："过了几周，受访者变得更加真诚，他们亲近的私人关系和总体的社交关系也变得更加稳定。"

人们都渴望人际关系更加亲密和真诚，一旦缺少了这两样东西人们是会察觉的。比如，其他一些研究表明，当我们试着隐藏自己的感情，我们与之交谈的这个人血压会升高。

但是我们在工作中也需要情感示弱吗？它能促进你在职业中的人际交往吗？当然！我们来举例说明。

一家大型企业告知我负责咨询的一个客户，说他们不愿与我客户所在的公司续签一份为期三年的大合约。我的客户马上坐飞机去拜访他们，花了一整个上午劝说这家企业续签合同，结果完全无效。大多数问题都是由于这个客户的公司自己导致的，纵然如此，他们还是责备我的客户破坏了合作关系。

我客户的首席运营官那天晚上满心失望回到了他所在的酒店，给那家把他们推到一边的企业写了封邮件。邮件中他再一次回顾了他们之间交往的历史，重述了他处理所有出现问题的决心。邮件的最后，他写了7个简单的字："可以重新开始吗？"[①]他犹豫了一下，最后，他心神不宁地点击了"发送"。

第二天早上，他收到了该企业发回来的邮件，"可以，我们重新考虑了一下，可以重新开始。"他们奖励了我的客户一份新的三年合约，比第一份的业务范围更大。

这家公司是不是已经得到了这份合约呢？我不知道，但是我的客户相信，是示弱帮助他们提升了销量。

> 如果你不坦诚，你和亲人以及工作中的伙伴关系永远不会达到亲密和相互信任。遵循第十六条法则：示弱是一种力量。

①这个问题可见我的书《提问的力量》第八章。——译者注

如何将第十六条法则应用于实践

"示弱是一种力量。"

示弱是很多人的座右铭。如果你是一个男人，往往会期待以强示人，示弱不是你要做的事。另一方面，如果你是一个女人，可能会刻意回避女人给人的传统印象：女人更容易情绪化。

我要说的是，示弱并不意味着突然崩溃或者向周围所有人承认自己做得还不够好。比如：以下这15个行为都是非常合适并且有效的、展现内心坦诚并借此示弱的方法。

1. 说你很抱歉。

2. 承认你做错了。

3. 带着同理心。

4. 寻求帮助。

5. 关于一件重要的事情谈谈你的感受——不只是你想到了什么。

6. 赞扬别人。

7. 承认失败。

8. 寻求建议。

9. 学会幽默——自嘲一下。

10. 分享自己的问题。

11. 如果需要，要表达发自内心的关心。

12. 适时分享一些个人的事情。

13. 帮助他人成功。

14. 诚实。

15. 承认别人的贡献。

第十七章

胡萝卜大棒法则——如何与严厉领导和温和领导相处

在他的家乡挪威，他比国家总理更有名，当我和他一起在奥斯陆的街道上散步的时候，人们排着队要他的签名。

在阿姆斯特丹也是如此，在荷兰，现在他住的地方，人们很在意自己的滑雪速度，非常在意。

我说的这个人是约翰·奥拉夫·高斯，距离他获得第四枚奥林匹克冬季运动会的冠军已经过去10年了。虽然过去了一段时间，但是约翰仍是国家的英雄，是一个传奇。

不止如此，约翰还在奥运会上创造了三项世界纪录，很多人认为他是体坛历史上最棒的速滑选手。

不过约翰在冰上的成绩却已被他为其代表的一个叫Right to Play的组织所付出的努力所超越，这是由约翰发起的一项非常棒的国际人文主义运动。Right to Play所做的工作以及每年它所接触的几百万年轻人本身就是一个传奇，不过我们现在先不讨论。

让我们回到约翰的故事以及他身边的两段最亲密的人际关系。故事开始于约翰7岁的时候。当时他加入了一大群年轻的滑冰选手。"我是其中最糟糕的。"他说。这群年轻运动员的负责人和教练是斯万·哈沃德·斯莱登。

"我滑得不是很好，但是斯万明显看到了我身上一些我看不到的东西。我在和他一起训练的过程中，发现他一生最想做的事就是训练出一个冠军，那也是我的梦想。

"他一直在鞭策我，不断鞭策，时时刻刻，日复一日。

"但是他也总是会告诉我，我哪里做错了。我不喜欢那些严厉的批评，但是这无法阻止我努力训练，我非常刻苦地训练，不断进步。

"是斯万的严厉工作作风激励着我，给了我成功的基础。

"我一直在努力，日日夜夜都在练习速滑。我充满动力，全身心投入要做最好的，有史以来最好的。"

说说他的极致训练，我又一次看见了约翰准备比赛时的训练视频。那是挪威一个很大的运动场体育馆，从底层爬到顶层要走好几百个台阶。

想象一下，约翰每天都要用双脚在这些台阶上跳跃，一次跳一个台阶，一直到第100个台阶。如果你认为这还不够艰苦，试试跳两三个台阶，每次都用双脚跳。

"很快我开始和一个较小的群体一起训练,斯万还是我的教练。我仍然能听到那些毒舌评价,但现在我是在和一群精选队伍在一起,所以前景更开阔。

"我不断进步,他不断在督促我,他一直会告诉我我的速滑哪里出了问题,我没有得到什么积极的安抚,我唯一要做的就是进步。"

进步神速,这是他们说的。约翰17岁时,挪威国家奥林匹克委员会挖掘了他,认为他是一个非常有前途的速滑选手。他们总是在寻找国家最有希望的选手,在挪威,滑雪和速滑都是国家首要的运动项目。

国家奥组委想把约翰收归麾下,他们在这个年轻的选手身上看到了一些与众不同的东西。但是他们希望由新教练来训练约翰,一个奥组委的教练。

年轻的约翰做了有史以来最艰难的决定,他接受奥组委的决议换了一个教练。跟斯万相处了10年之后,现在汉斯成了他的教练。

"后来我身上发生的一切就是我彻底被改造了,我的新教练不会说那些严厉的评论,他总是在鼓励我。告诉我做的所有事情都是正确的,并为我喝彩。

"我开始得到赞扬而不是被批评,事实证明,正面的、鼓励性的评价才是我真正需要的,我重生了,我展翅欲翔。"

"有趣的是,"约翰告诉我,"两个教练都对我的人生产生了重大影响,可以说他们对我的影响是最大的。我和两个教练的关系都持久稳固,不过两种关系有着完全不同的特点。一个极其令人羞赧,另一个却充满了积极的想法和鼓励,让我振奋,汉斯让我一飞冲天。

"这两个教练都知道彼此,但从来不交谈。他们是不会交谈的,但是我和两位的关系都非常好。我非常关心他们,他们也同样关心着我。

"我意识到我可以和两个人都维持着非常亲密的关系,特别是两个人对我的人生都有着举足轻重的影响。他们两个人互相都不喜欢,但是他们都非常关心我。"

只有批评或者只有赞扬都无法促成卓越,而是需要将两者加以精心的融合和修整。我们都知道,要养育健康的孩子,父母必须毫无保留地爱他们。但是父母还必须告诉孩子真相,告诉他们哪里做错了并促进他们进步,帮助他们完成自己的最高目标。

约翰的故事中,斯万在他职业早期的批评帮助他形成了一种卓越的工作品质:势不可当的动力。但是后来,约翰通过汉斯的表扬达到了巅峰。

> 约翰·奥拉夫·高斯和两位风格迥异的教练相处的经历告诉我们第十七条人际交往法则:挖掘一个人最大的潜能,需要两样东西——真相和关爱。

如何将第十七条法则应用于实践

"挖掘一个人最大的潜能，需要真相和关爱。"

想要真正地把真相和关爱融合起来，没有所谓的魔法配方。有时候一个人需要未经修饰的反馈，针对他们的表现提出严厉批评并直接指明方向，有时候人们需要表扬、鼓励和无条件的支持。

以下是使用这条法则的5条建议：

1. 评价自己的风格：你习惯于肯定对方还是挑出对方的错误？

2. 对于很多人来说，发现对方做错的事情更容易。为什么不能像作者肯·布兰佳[①]建议的那样，四处走走，全方位观察，"发现人们正在做的正确的事情"呢？

3. 仔细思考一下，别人现在需要从你身上获得什么，是真相，还是关爱？他们是否需要知道自己现在做错了什么？此刻鼓励是不是最好的良药？

4. 配偶之间需要注意的：研究人员发现，夫妻双方给对方的建议过多或过少都会降低彼此对婚姻的满意度。

5. 如果你要用对方的错误或者做错的事情与之对抗，那么可以首先尝试并理解对方怎么看待这个问题。可以用一个普遍的问题开始，如："你怎么看待这个问题？"或者："你觉得出现了什么问题？"

[①] 肯·布兰佳，畅销书《一分钟经理人》的作者。——译者注

第十八章

五分钟说到对方心坎里

我从未去过中东，不过那里比我想象的更加阳光充沛和色彩丰富。一家领先科技公司邀请我去中东讨论他们要启动的一个重要项目，他们在特拉维夫市和以色列其他地方都采取了重大的运行措施，我准备在那里待上几天，到那里是一次长途旅行，总共7500英里，但是我期望很高。

我住在希尔顿大酒店，恰巧在岸边。酒店楼顶的美景简直让人惊叹，在那里能看到现代化的特拉维夫市从东边到西岸的全貌。顺着南方，你会看到绵延的海岸线，瞥见以色列海港古城约帕。当然，还有波光粼粼的地中海。

我拜访的公司想要把业务中心从产品和销售地域转向消费者，我很有机会帮助他们设计和实施这个新计划。该计划就是花一整天的时间拜访不同的经理人，然后傍晚时我准备和首席运营官（COO）见面，把这桩合作谈拢。如果他们想要聘请外部的顾问，需要经过COO的同意。

接下来故事就开始了，我在这家公司的办公室度过了充实的一天，掌握了这家公司现在所面临的各种挑战，其实，我关心的是他们成功实施计划的能力，要想实施新的计划他们面临很多危机，我有些忧心忡忡。

5点钟的时候引见人把我带到了12层首席运营官的办公室门口，我等了10分钟，接着又等了30分钟，怎么回事？

我又多等了一会儿，一个年轻的姑娘走进等候室，告诉我们有一个问题：阿维夫的日程表出现了变动，现在他只有5分钟会见我了。5分钟！7500英里的路程！

我的引见人情绪低落，"没有他的许可我们无法继续进行！"他小声对我说，就好像COO路过走廊就能听到我们谈话，"那太可怕了！"

我的大脑里已经演练过许多不同的场景，怎么才能利用好跟领导交流的5分钟呢？关于他的工作计划，我应该问一些经过深入思考的"关键问题"吗？是否可以通过谈论我的新书来强化我的资质呢？分享一些会面时我的总结吗（但是冒着过界的风险）？是否可以通过介绍最近几个客户的项目来建立信任？或者，再有可能套近乎说是我和他是同行，请求重新安排会面，等到他有更多时间也许是第二天早晨？

每一个方法都要承担风险，我内心还在提醒自己过来的路途是

7500英里。

有一件事是确定的：我不想让他感到我是在"强迫"他或者在推销我的服务，不是我要依靠他而是他应该依靠我。

"阿维夫·巴尔先生现在有时间见您了。"一个年轻的助理过来通报。终于！我走过长长的走廊，他们安排我坐在COO宽敞的办公室里一张小会议桌旁。透过朝东北方向的大窗子，我能看到特拉维夫市和耶路撒冷中间的山脉。

阿维夫进来了，显然是匆忙赶过来的。我们握手后他坐下来，"很高兴见到你。我很抱歉日程有变，但是我现在还能抽出来5分钟。"

我在思考，我看着窗外祈祷能多些时间，然后，我看着阿维夫。突然，我有主意了！我想到方法了。

"阿维夫，我们只有5分钟。我们有很多事情要谈，也有很多问题想问，但是我和您的员工相处了一天，我想我们不妨聊一聊我对公司观察后的一些总结。"

"好的好的，当然可以，请告诉我你初步的结论。"

"你在计划着一个大胆的改革，方向是有利的，但是也有风险，准确地说有4个。"阿维夫眯了眯眼睛，我已经得到他完全的注意了。

"风险？以前没人跟我说过风险的事情，我的员工都没提过，我想听听。"

"首先，"我说，"当你进行这项改革的时候，现在负责开发销售地段和产品设计的经理们会失去一些权力，有些人会放手不管，甚至还可能在潜意识里破坏这个策略。"

阿维夫听得非常认真，他的眼睛慢慢睁大。

"第二点，如果你像其他企业那样，起初的风险这个月就会显现。你就会号召动员所有人，开一个非常大的会议。6个月后还会有新的要紧事出现，具体什么我不知道，可能是提高产品质量或者员工的参与度。然后你就会有下一个大的想法，接着会产生一些冷嘲热讽，我见到过很多类似的事情。"

我们刚开始讨论时，阿维夫向后倾斜靠着椅子，这是象征权力的姿势。但是现在他是向前倾斜，靠向我。我继续跟他讲述我的第三和第四个想法，这两点是需要阿维夫开始实施计划以后才能解决的。然后我补充了一点积极的评论，并描述了一个当前计划没有提到的机会，那是一个他们还没有想到的有趣的机会。阿维夫微笑了。

我很快把球提给阿维夫，问了他对于我所说的机会和风险的感受，现在我们是在谈话了。

我最后说："现在你可以缓和或者消除这些危机。好了，我知道你有事得走了，但是我建议如果我们决定一起工作，下一次碰面时就要深入地讨论这些问题。"

潜在客户已经被我收入囊中，我提出了一些没有人跟他提到的问题，最重要的是，我引起了他的好奇心，他想知道更多。他想更深入地探究我提出来的问题，他想明白这个项目怎样能有更大的影响，我们握手后他就着急地去解决下一个危机了。

第二天，闹铃还没有响，我的引见人就打电话给我，他非常激动，说："非常顺利！我们得到了肯定。"

哦，猜猜那次的会面花了多久？我们最后用了15分钟，而不是5分钟。15分钟，够说很多话题了，足够你消除对方的疑虑。

第十八条法则帮助我把会面时间延长了三倍，与这位客户完成了重大项目。方法就是：引起对方的好奇心。

当他人有了好奇心，他们就会向你靠近，还会想要了解更多，他们想进一步行动。当你引起了对方的好奇心，就拥有了地心引力一般不可抗拒的吸引力。好奇心帮你得到更多：更多关注，更多业务，更多客户，更多邂逅机会（如果你还是单身的话），为你的部门争取更多资源预留协议（RSVP），给公司带来更多合作，以及更多朋友。

创造一股强大的吸引力让别人都向你而来；在销售中，在生活中，时刻遵照第十八条法则：引起对方的好奇心。

如何将第十八条法则应用于实践

"引起对方的好奇心。"

好奇心就是"想知道的欲望"，有很多场合都可加以利用引起对方的好奇心，让他们有兴趣去了解更多，这些场合适用于销售、人际交往，当然还有恋爱关系。

以下是引起好奇心的5条法则：

1. 告诉人们他们需要知道什么，而不是你知道的每一件事。用简练的话语回答问题，给出提示，在客户希望你描述公司的时候，不要像演讲一样说10分钟。

2. 说出不同一般甚至矛盾的观点，让人感觉你是一个有着新颖观点的人。

3. 讲一些出人意料的话语，比如，当人们都以为你是要吹嘘自己成就时，告诉他们你一直很幸运，以及在关键的转折点无知其实也帮助了你的事业，通过把相当一部分成功归功于身边人让大家感到惊讶。

4. 提出值得思考的问题，当所有人都在告诉你的客户怎么做的时候，你应该问问你的客户为什么要做这件事。

5. 告诉人们你在做什么以及你得到了什么结果，而不是你做这件事的每一个细节。前者比较有趣，后者比较沉闷。

第十九章

把我染成粉色——学会认可和尊重身边的人

那是我记忆中最激动人心的一个夜晚。

我坐在达拉斯会议中心巨大的宴会厅里，那里能容纳2000人，座无虚席，后排大约还有100人是站着的。

我环视四周，看到只有十几位男士，其余观众大多数是女性——我正在玫琳凯[①]化妆品的年会现场。

因为要进入会议中心，出租车把我放到了会议中心的停车场，放眼望去都是粉色凯迪拉克汽车。成百上千，那里简直就是粉色凯迪拉克的海洋（粉色是玫琳凯·艾施最喜欢的颜色，她奖励销售量达到前2000名的员工一人一辆粉色凯迪拉克）。

---

① 玫琳凯，全球最大的护肤品和彩妆品直销企业之一。——译者注

　　我在参与玫琳凯的一项重要项目，她觉得我很享受参加公司年会的开场之夜。这确实是一次令人惊诧的盛会，到处都闪烁着银光，星光熠熠。假如塞西尔·B.戴米尔①在场，也一定面露嫉妒神色。

　　晚会上有歌舞、哑剧，还有小丑、喜剧演员（不是很搞笑），以及马戏团的表演。就这样进行了40分钟，表演结束了。

　　那个时刻到来了，这是一个紧张的时刻！

　　整个剧场都安静了下来，两千名观众鸦雀无声，之后观众群中突然整齐地喊道"玫琳凯"（大声地）、"玫凯琳"（声音更大）。然后是更大声的尖叫："玫琳凯，玫琳凯！"

　　幕布缓缓拉开，玫琳凯·艾施走了出来。她的身高只有1.52米，人们踮着脚欢呼，尖叫，像是打开了潘多拉的魔盒，这种站立的欢呼仪式持续了整整5分钟。

　　当时的情景就是这样，甚至发现连我自己都在欢呼。假如当时有人问我是否有兴趣加入，我可能就会说："可以啊，我也要加入你们公司，我也想成为玫琳凯销售代表。"

　　一周之后，我来到了玫琳凯位于达拉斯的办公室，当然，里面基本都是粉红色。

　　"觉得怎么样？"玫琳凯问我，"你觉得开场之夜怎么样？"

　　我不住地夸赞，除了赞美还能说什么呢？有一点，我询问了这样

_____

① 塞西尔·B.戴米尔，派拉蒙影业公司的创始人之一。——译者注

的一晚开销是多少（是个错误的问题）。

"我情愿不要想起那个数！但是你得让你的顶尖销售人员知道你爱他们。人们一生中最想要的东西有两样，甚至比爱情和金钱还要渴望，那就是认可和表扬，我们给予这两样东西时都选择了最合适的分量。"

简言之，玫琳凯·艾施给我们展示了人际关系第十九条法则：常常通过认可和赞扬表达你的关心。

关于玫琳凯·艾施，我还想继续讲述她的故事，接下来还有更精彩的故事。

鉴于她取得的成就，《福布斯》杂志给了她年度杰出女企业家的称号。玫琳凯30岁的时候，在达拉斯中心地段开了一家小店，只有一个销售员，就是她自己。在玫琳凯的一生中，这家公司发展到在全世界有300多万销售人员，几乎全是女性，公司的销售业绩高达30亿美元。

和玫琳凯共事的三年是我人生的一笔非常宝贵的财富，每一次见面都是宝贵经验，总会出现我想记录的名言。

起初我把玫琳凯看作学生，而我作为顾问才是老师，但是学生很快就成为了老师。

有很多意义重大的时刻，其中最有纪念意义的一次经历是放春假时我带上大学的女儿回家，路过了克利夫兰的万豪酒店。我们坐在一个小摊位旁边，看着菜单准备点些早饭吃。

这时，玫琳凯及助手在服务员的引领下坐到了我们对面的桌子，我们热情地打招呼，拥抱亲吻，我把她介绍给我的女儿希拉里。

"杰瑞，你介意吗？让希拉里坐在我旁边吃早饭？"玫琳凯的助手坐在我旁边，希拉里和玫琳凯的谈话进行了将近两个小时。

回到车上，我就迫不及待地问她："不错啊，你们都谈了些什么？"

希拉里说谈话的主要内容都是女性话题，"玫琳凯告诉我要想实现我们的目标，就要比男人更加努力辛勤地工作。如果没有目标，我们也不知会走向何方。

"她还告诉我交往中最重要的事，就是你要让对方感到很重要，这很关键。哦，对了，如果你愿意付出，人生中什么都能实现。要努力工作，对所做的事情充满热情。大部分都是女性的话题，爸爸。"

从那以后，我一直通过信件和短信与玫琳凯保持着联系，我在达拉斯的时候，如果她时间方便，我会到她粉色的办公室里与她共进午餐。

在她去世前的一两年，我还到她舒适宽敞的家里拜访过。那里到处都是鲜花，只是她看上去气色不太好。这位充满活力和热情的女士变得非常安静，说起话来气若游丝，我猜想这会不会是我们最后一次见面？一语成谶。

我没有停留太久，玫琳凯似乎不愿意我离开那么早，她的一句临别赠言是我永远无法忘记的，"我不知道自己还有多少时间，杰瑞。我去世以后，希望周围人能说，'她的确是个充满关怀的人'。"

我认为那就是玫琳凯一生最重要的特点，她真的很用心关怀别人。她要的不是认可，甚至避免别人的夸赞。

但是她真的很用心对待周围的人，不论是公司里2000位顶尖销售，还是遍布全球的几百万销售代表，或者是乳腺癌患者——玫琳凯热心投入的事业，又或者是我的女儿希拉里。

如果这句话没有写在她的墓碑上，我认为应该加上。如果我能有机会参与到这件事上，我会在她的墓碑上刻上：她是个充满关怀的人。

鼓励身边的人，通过遵循第十九条法则激发他们展现最好的一面。

如何将第十九条法则应用于实践

"常常通过认可和赞扬表达你的关心。"

什么可以真正地激励人们？金钱？头衔？根据广泛的调查，答案是在工作做得好之后受到的认可。

以下6个策略帮助你向周围人表达认可和赞扬。

1. 及时赞扬。行动和认可之间的时间隔得越长，带来的影响力就越小。

2. 看到他人好的一面。通常我们会挑出对方的错误，但请你试试看到他们的积极行为。

3. 赞扬要找对点。如果孩子在比赛中得了第18名，就不要表扬他们已经是"冠军"了，赞扬他们参加比赛的勇气和完成比赛的毅力。没有找对赞扬的点，或者过度赞扬，这种认可都会变成空谈。

4. 赞扬要具体。不要只是说"干得好"，要准确描述你因为什么赞扬对方。

5. 让赞扬成为私人的事情。一封手写的信件要比一封邮件更有力度，一次面对面对的赞扬要比某人间接地告诉你老板的老板对你的表现很满意要强得多。

6. 不要把批评和赞扬混为一谈。如果你表扬了某人，然后马上提出促进他进步的建议，那么就无形中失去了表扬的效果。

第二十章

不要处处表现得高人一等，用智慧帮助他人化解尴尬

礼堂里挤满了人。

这家公司业绩最好的200位经理从全世界飞过来，参加他们的年度管理报告总结会。当天早上我进行了演讲，还应邀多待了一个小时聆听CEO的演讲。

站在讲台上的是CEO罗杰，他首先总结了一下他对公司战略规划的总体看法。"我们只剩下20分钟了，我很乐意回答问题和进行讨论。"停顿了片刻后，几个人举起了手。

"罗杰，您能不能简单说明一下去年营业损益表中利润下滑的情况？"在坐的一个经理问道，"表中展示的开销能不能反映去年底削减成本的迹象？"

紧接着又一个问题："您能不能谈谈去年我们实施的业务重组？我

不太确定员工是不是能够完全理解，我认为关于实施的方式，现在仍有一些疑问。"

罗杰必须得回顾以前做出的决定，经理们要求他分析他的一些金融策略的细节。还有问题："罗杰，您能不能回顾一下当初把效益管理部门外包的决策？"

回顾过去，吹毛求疵的问题又进行了15分钟，罗杰不停地看墙上的表，我能看到他不断增加的绝望感。我举起了手，其实我并不十分了解罗杰，我们只见过几次面，但是我想和他成为朋友。

"哦？您有问题吗？"

我确实有，而且是很重要的问题。我想知道罗杰的脑子真正在想些什么，是什么在激励他。"当您展望公司未来一年或者两年的前景时，"我问道，"最让您个人感到兴奋的是什么？"

罗杰抬起头，之前他一直在抖着肩膀，但现在他站得笔直，把1.98米的个头伸展得笔挺，他微笑了，然后深吸了一口气。

"嗯，"他说："是的，的确有一些事情。"他描述了一个项目，一个在正式计划之中没有明显体现的项目，显然这是最让他热情洋溢的事情，也是他记挂最深的项目。他像是被点燃的蜡烛，再次慷慨激昂地进行演讲。

离开演讲大厅时，我和人群一起走向通往街道的大门。突然一只大手拍了拍我的后背，就像被一个棒球手套猛击了一下。我回过身，准备直面这个挑衅者，是罗杰，那个CEO。他大步从我身边走过，跳上了一辆轿车。

"非常棒的问题！谢谢你。"他路过我身边，朝出口驶去时这么说，还回头补充道，"这是一个能揭示真相的问题。"我十分惊讶，除了一个微笑和一句"哦，应该的"，已经说不出更有实际内容的话了。

"打电话给我。"这是他最后的话，然后他就疾驰而去了。

我确实给他打了电话，那就是和罗杰以及他的公司打交道的一个开始。催化剂就是一个简单但是含义深刻的问题，这个问题立刻促成了三个重大的转变。

首先，它把一场谈话从历史检讨变成了关于未来的对话。

其次，它带领我们的讨论从细节转变到了宏观。

最后，它把我们从分析对话转变为情感交流。

我们不是说过去、细节或者分析是不好的，完全不是，只是在当时那个场合，我提的问题是最好的，因为它能够真正吸引罗杰，把他带出那个泥沼。

那天，我并没有表现得特别机敏或者聪明，也没有炫耀自己的专长，只是提了一个问题。

客户的反应说明了第二十条法则："知道好问题比知道问题的答案更重要。"1988年诺贝尔文学奖得主纳吉布·马哈富兹是这样描述的："人们可以通过一个人的回答判断他是否聪明，但要判断一个人是否有智慧要看他提出的问题。"答案很重要，但是如果你想通过有意义的对话来建立强大的人际关系，就需要有技巧地提出引发思考的问题。

引人思考的问题就像燃料，能燃起充满活力的对话，建立强大的关系。一个好的问题会把关注点转移到某人身上，帮助你明白对方的要紧事，保证开场的时候谈的是正确的问题。好的问题能让你深刻了解对方，让对方感到自己得到了倾听。

问题对于人际交往就像是盐对于食物，它们能发挥食物的香味，增强我们的食欲。

> 采用引人思考的问题来吸引他人，将整个对话的重点集中在最重要的问题上。遵循第二十条人际交往法则："知道好问题比知道问题的答案更重要。"

如何将第二十条法则应用于实践

"知道好问题比知道问题的答案更重要。"

提问时要更大胆些,思考并且提前做计划。每次跟客户或老板开会时,头脑中都要带着三个值得思考的问题,把陈述变成问题。考虑用我们提出的以下这几种类型的问题,注意最重要的问题往往是开放性问题,比如:是什么,为什么和怎么样。

1. 投入情感,而不仅仅是理性分析("现在最让你感到兴奋的是什么")。

2. 引出对方的观点("你怎么看")。

3. 让对方也参与到问题的解决方案中("你现在在考虑哪些方案?你觉得对你来说最好的决策是什么?")。

4. 让谈话聚焦在现在讨论的事情上("你想谈点什么?我们现在应该谈论的最重要的事情是什么")。

5. 了解对方的要事和优先要解决的事情("你今年要接受考核的最重要的事情是什么")。

6. 了解他人最高层次的目标和理想是什么("你为什么想要这么做")。

7. 挑战("你认为这就够了吗?10%足够高了吗")。

8. 建立你自己的信用("你的许多客户现在都在纠结两个重大问题……你对此的态度是")。

9. 了解一下对方是谁以及他们是如何取得今天的成就的("你是怎么起步的")。

10. 谈话的方向不对时重新开始("你介意我们重新开始谈话吗")。

第二十一章

学会感恩和回报是工作给你最好的礼物

在堪萨斯州的奥斯维戈市，那里的人们对于他们的12床社区医院相当自豪。

周边更大的城市有其他医院，但是奥斯维戈市的居民除了让当地医院解决自己的健康问题，不想去任何其他医院。

一位居民告诉我："你们在梅约医学中心享受到的一切，我们在这里都能享受。"好吧，这可能有点言过其实了，但是当地人对于他们的医院就是这种想法。

玛丽·简·康明斯是这所医院的副院长，这个职位的作用是帮医院筹集资金。她除了做这个，还抽时间照顾病人。

院长办公室在医院的地下室，长长的走廊里一个小小的角落。除非你是真的需要找到玛丽·简的办公室，才会不远万里地过去。

　　玛丽在筹集资金方面没有接受过任何训练和经验，但是她热爱医院而且非常投入，每次这样的品质都能胜过经验。

　　10年来，山姆·安德森每年都会来玛丽的办公室拜访她，通常在10月份，他每次都会事先打电话确认她在不在。

　　很明显，他们关系很好，山姆喜欢玛丽（每个人都喜欢她），玛丽也喜欢山姆。

　　山姆走了进来，穿着挂肩工作装和格子衬衣。玛丽记得，这些年他一直穿着相同的工作装和格子衬衣，她觉得这可能是他从农场来城里的装备。

　　"玛丽·简，给你这次的25美元。我希望还能再多点，我热爱这所医院，我真的希望这钱能帮助一些人。"他们拥抱后山姆离开了。这些年来山姆一直都在捐钱，每次都是25美元。

　　每年12月，玛丽·简都会为她的"特殊伙伴"烘面包。山姆的捐献是医院里最少的一笔，但是玛丽知道，山姆已经尽其所能，他就是她的"特殊伙伴"之一。

　　玛丽每次都在圣诞节的前几天带着面包拜访，她会走遍整个奥斯维戈市，送上亲手烤制的面包，通常最后一站就是山姆的农舍。

　　他们都说时间过得太快，去年，山姆失去了他的老伴，当时是8月。他和艾格尼丝已经结婚57年，山姆没有像往常那样在10月份捐钱，玛丽给他打了好几通电话，但只字未提捐款的事情。

　　圣诞节到了，虽然山姆没有捐款，但玛丽·简还是给山姆送去了一条长法棍面包，还加了些饼干进去，然后开车驶向了农场。

他们聊了很久，她拉着他的手，告诉他，听说山姆失去了艾格尼丝内心非常难过。

玛丽·简非常高兴自己能过来探望，听说山姆自妻子去世之后就与世隔绝了，家门都没有出过。

该走了，玛丽把面包和饼干给了他，还有一个长长的拥抱，这是一次充满关怀的探望。

"等一下，玛丽，你走之前，我还有一样一直想给你的东西。"他走进了卧室。

继续讲这个故事之前，我不得不提一下能够解释玛丽·简和山姆之间关系的交往法则，那就是："无私的举动会搭建强大的纽带。"这种情况发生在双方都没有试图要得到什么的时候，单纯的目的就是创建人际交往最有效的催化剂。

现在回到故事中，还记得吧，玛丽·简准备起身离开，山姆让她稍等一会儿。

他走进卧室，片刻后出来了，手里还拿着两个大购物袋，因为东西太重走路有点蹒跚，他告诉玛丽会帮她把东西搬进车里。

"艾格尼丝和我大约5年前就计划着要出去旅行，我们一辈子从来没去过奥斯维戈市以外的地方，除了度蜜月时去过一次托皮卡。

"我们一直在尽力积攒硬币和零钱，确实是荷包空空，一分不剩。上次我数了数里面的钱，一共有2000多美元。

"我们每月有几天会不吃晚饭，这样就能在我们的旅行钱袋里再投上几块钱。

"我想我可能永远也无法和艾格尼丝去旅行了，我愿意把钱捐给医院。"

他们相拥而泣，最终告别。车开动的时候山姆喊道："谢谢你的面包，艾格尼丝总是很喜欢。"

看到有人交往的目的这么纯粹，而且愿意无偿无私地给予，的确非常鼓舞人心。记住第二十一条法则：无私的举动会搭建强大的纽带。

如何将第二十一条法则应用于实践

"无私的举动会搭建强大的纽带。"

欧亨利的短篇小说《麦琪的礼物》可以说是文学中描写这条法则的经典之作。

吉姆和他的妻子德拉住在一间破旧的公寓里，圣诞节到了，他们只剩下1.87美元了。德拉最自豪的资产就是她那一头长长的及腰金发，吉姆最爱的资产就是他的金怀表，是从爷爷传给父亲又传给他的。

德拉没钱给丈夫买圣诞节礼物，就把头发剪掉卖了20美元，给吉姆买了一条白金表链装饰他的金怀表。

另外一边呢，吉姆卖掉了自己心爱的怀表，为德拉买了美丽的玳瑁做的带珠宝的全套梳子，跟德拉在一家精品商店橱窗里看到的她心心念念的梳子是同一套。

圣诞节到了，吉姆和德拉发现他们都为了给对方买一份特殊的礼物，卖掉了彼此最心爱的宝贝。关于他们无私的举动，欧亨利写道："在一切馈赠礼品的人当中，那两个人是最聪明的。"

无论你在何时付出，都检查一下自己的动机。记住，一份无私的礼物总会以神奇的方式产生作用：

- 可以帮助一个重要的慈善机构或非营利机构（我们的付出会出于很多原因，通常只是因为我们感到快乐）。
- 你拿着一盏明灯，可以照亮别人，你会因此成为一个鼓励他人的榜样。
- 你会在他人的人生中留下不可磨灭的痕迹。

- 如果你的付出目的很纯粹——无论你是帮助工作中的同事还是一个落魄的人——都会重新塑造和提升你的品格。

第二十二章
双城记

来认识一下艾伦和皮特，他们两人都是知名大型会计师事务所的合伙人。两个人都上过名校，都在世界五百强公司里有过数年的财务审计经验，都是行业精英。

但是他们的结局并不相同。

艾伦是公司最大客户的首席财务总监（CFO）的信托顾问，相反，皮特遇到了非常纠结的事情，他的主要客户正在尝试削减他们公司的审计服务费，他都已经开始努力得到对方财务总监的日程表了。

让我简单地描述一下这两位，你很快就会明白其中的差别，而且，你还能学到一条重要的人际交往法则。如果你遵循这条法则，并掌握如何运用，也就能彻底地改变和客户以及顾客的关系，也会彻底改变你和工作中遇到的所有重要人物的关系，包括你的老板和同事。

感兴趣吗？继续读下去吧。

首先，皮特。

"他们简直要把我搞疯了。"皮特吃午饭的时候跟我说，"这个客户就是把审计当成了一种商品，只想要最低价格。"

"你和财务总监还有副财务长的关系怎么样？"我问道。

"来往不多，他们基本上把管理都交给财政副总监，副总监再汇报给财务总监，所以每天和我们接洽的都是他们的审计主任，我几乎没见过财务总监。"

"你怎么形容你与客户相处时扮演的角色？"

皮特抬头看着我，好像我是个傻瓜，"我的角色？我的工作就是按时间按进度完成审计，然后拿出一个公事公办的意见，这就是审计员要做的工作啊！"

我们继续吃着饭，皮特的形象逐渐在我脑海里清晰起来，他就是我所说的"聘请的专家"，皮特受邀参加的一次董事会晚宴上就出现了暗示。

"几年前，"皮特说，"一个客户告诉我他们公司的董事会有兴趣和我聊聊会计和税收方面的事情。我猜他们觉得自己需要学习，所以邀请我参加了一场非正式的董事会晚宴，我对于那个机会感到非常激动。"

"之后发生了什么？"

"我去参加了晚宴，一落座，就不断有人问我问题。很不幸，我的引见人对董事会成员想讨论的这些问题并不十分清楚。"

"哦?"

"第一个抛出的问题就超出了范围,跟会计一点关系都没有,'那么你认为美联储现在的低息政策还会持续多久?'我设法想出一个答案,却想不出什么机智的答案。接着第二个问题:'你对于现在中国在非洲加速投资将对商品价格产生影响怎么看?'"

"我当时,"皮特坦率地承认,"对那个问题真是没什么思路,更多类似的问题也接踵而至。"

他补充说:"我本以为他们想讨论的是最新的财会规则。"

皮特是一个了不起的会计,他了解自己的业务,他的财会规则和计算法则。问题时,大多数董事长并不十分关注那些东西,至少不是那些细节。他们想要的效果,不是一场关于财务会计准则委员会发布的财会新规的讲座。

现在来介绍一下艾伦,我第一次见到艾伦时是要采访她,当时她是一个客户的非现场会议的专家组成员之一。她有一项不寻常的本领,就是和客户的高层建立牢固的关系。

那天我询问了她的秘诀:"是什么让你在客户那里获得成功呢?"

艾伦告诉一屋子的人:"它始于你怎么样定义自己和客户的关系。我的首要职责就是为我的客户拿出一个公允的审计意见,动用自己的一切知识顺利完成审计工作,但我觉得自己还有义务成为客户的商业顾问。我帮助他们有效地管理财政资产并减少风险,有新的政策和意见时,他们都会询问我的意见。从最高的层次来说,我的工作是帮助客户发展并实现盈利目标。"

"关于这个你还能多谈一点吗？"

"可以。当我会见新客户时，我会告诉首席财政总监，或者一家大公司的财务副总监或者副总裁，我希望我们每两周能安排一次共进午饭的机会。"

"他们每次的反应都是一样的：'不行，我没必要一个月和我的审计人员吃两次午饭。'但是我很坚持，我告诉他们：'我和所有的大客户、重要客户都会这样做，他们发现这是一个非常有效的方法，能够避免麻烦而且帮助提早发现机会。'"

"之后发生了什么呢？"我问艾伦。

"吃过几次午饭后，我的客户就被深深吸引了，他们喜欢这种互动。我把这些场合作为极好的机会，真正了解财务总监的要务和目标，我会跟客户分享最好的方法。"

"我们什么都聊，从策略到他们启用一个新的管理员，以及我们推荐一些候选人帮助他们实施计划。关于他们在自己的领域的做法，我会分享自己的想法。我会提供针对他们企业的一些独到的见解，这是其他那些对业务不够了解的顾问做不到的。"

"但午饭只是一部分而已，基本上我和客户能够达成的等价交换都是在一个大的前提下，就是客户的发展目标，他们的增长、利润和创新。我不想让他们把我们的审计看成是一种必要的麻烦事，相反，我希望他们能将我看作每年都做了出色工作的战略顾问，把审计工作做得顺利而且简洁。"

"那些费用压力怎么样呢？"我问艾伦，"你的客户会要求打折吗？"

"是啊，当然会，大公司总是希望能拿到最低价格，他们也会试着协商。

"但实际上我看到的是相反的景象，我的客户经常会要求多做工作，而不是少做。我们越是表现出我们是在帮助他们提升事业，他们就会越频繁地需要我们帮助做更多的工作。"

艾伦和皮特都是现实中的人，他们两个人在客户身边扮演的截然不同的角色就说明了第二十二条法则：成为客户成长和盈利的一部分，他们就会对你有源源不断的需求。这条法则的负面效应是一旦客户把你看作是可以削减的费用，就会随时停用你。

试想，要是你的水暖工给你打电话，提议你们一起共进午餐探讨一下最新的接头焊接技术，你可能会婉拒。尽管你很喜欢这个水暖工，但是如果另外一个更有名气的水暖工做一样的工作但是要价更低，你很有可能就会摇摆不定选择后者。

但如果是你的医生打来电话呢？"我已经拿到化验结果，你抽空过来一趟，这样我们可以一起讨论一下。"我想你的回答会是："你最快什么时候能见我？"

皮特对于他的客户来说就是一个水暖工，客户不愿意和他一起吃午餐，相比之下，艾伦的客户认为她是一个私人医生。

如果你能够展示你的工作最直接地对客户公司的发展有利，就可以运用好第二十二条法则：成为客户成长和盈利的一部分，他们就会对你有源源不断的需求。

如何将第二十二条法则应用于实践

"成为客户成长和盈利的一部分，他们就会对你有源源不断的需求。"

客户可以随时像换商品一样换掉"聘请的专家"——没准儿还会换一个更便宜的专家。但是能够支持客户最有价值的项目的人不会被轻易换掉，替换他们的成本是要以公司更大的利益来衡量的。

这条法则不仅仅适用于客户关系，比如，如果你的老板把你看作多年来直接帮助他实现最重要目标的人，那么你就会被当作不可或缺的人物。

遵循以下5个方法，就会成为公司发展和盈利的重要部分。

1. 你的工作计划要关注客户需要完成什么，也要包括如何帮助客户发展、创新并创造更多利润。

2. 确保你真正理解客户的优先事项和目标，他们今年要努力完成什么任务？

3. 对于客户个人的发展目标同样要有所了解，从个人角度而言，"发展和盈利"对客户意味着什么？

4. 与客户探讨你的价值观，在业务过程中强调影响而不是方法。

5. 在帮助客户提高的过程中，重新定义自己，不要把自己定义为只是在做一个项目或者完成一个订单。

第二十三章

打造自己的朋友圈，重塑你的弱关系

历史上最著名的一次自我变革事件发生在公元35年，围绕着它所发生的事情受到了各路历史学家、宗教和非宗教人士的认可。

索尔，之后被人尊称为圣保罗，是古以色列帝国犹太教的权力领袖，他接受过教育，富有而且很有影响力。

然而有一天，他完全放弃了以前的生活方式，把自己奉献给了他在去达摩克斯的路上遇到的一个人，那个人就是拿撒勒的耶稣。耶稣在几年前已经被执行了死刑，保罗的团队成员还说他们看到了亮光，听到了声音。

让这个故事更加与众不同的是，保罗实际上是要去逮捕耶稣的追随者，之后保罗不管是步行、骑马还是坐船，走了几万公里都是在宣扬耶稣的事迹。

据历史记载，保罗在20多年游历整个小亚细亚的旅途中，一直在承受各式各样的鞭打和石刑，他有好几次都险些丧命。他被捕入狱，被链子锁起来，三次遇到海难，被主要城市愤怒的人群追赶，最终保罗因为坚定的宗教观点，在罗马被处以死刑。

今天，当我们谈起在社交媒体上有"追随者"的时候，觉得那是一种荣誉。但是保罗的追随者完全是另外一回事，保罗代表的是付出和奉献，是非常冲动的事情。

但保罗不是唯一的一个人，我们还读到了耶稣，保罗为耶稣的献身只是一个代表。耶稣开始时有12个门徒，很多人不知道的是大多数的门徒也是为耶稣而牺牲，他们为了传播耶稣的信条常常置生命于危险之中，但即使是面对着折磨以及死亡的威胁，他们也绝不会放弃自己的信仰。

彼得是耶稣最亲近的门徒，他也在罗马附近被杀害。

西庇太的儿子詹姆斯，公元44年逾越节不久后就被亚基帕一世赐死。

安德鲁据说在土耳其被绞死。

马修，据传闻是在埃塞俄比亚牺牲。

亚勒腓的儿子詹姆斯，在以色列被乱石投死。

托马斯在印度被长矛刺死，但是一个大的基督教团体从托马斯的年代建立起来，直到今日依旧兴盛。

这些人都是因为追随领袖（对于他们而言是他们的主）而不肯放弃信仰最终被杀，假如背弃自己的领袖，是可以很容易保全性命的，但是没有一个人这样做。

关于这个故事有两个重要的事实，首先，耶稣只需要12个追随者就开展了一场全球运动，这场运动只用了几百年的时间就推翻了罗马的统治以及独裁政策，后来的推崇者增长到几十亿人。第二个重要事实这12个门徒都忠于耶稣，他们牺牲生命时毫不犹豫。

怎么解释这些信徒非凡的、改变一生的信仰呢？简单的答案就是耶稣的信徒之所以愿意为他而牺牲是因为他也会为他们赴汤蹈火，信徒相信耶稣并深深信任他。

为什么是12个人呢？因为耶稣知道比起很多易变而且不能患难与共的信徒，12个坚定的信徒要强大得多。

耶稣死前把门徒们叫到一起吩咐他们："你们要像我爱你们一样爱彼此。"之后，当耶稣暗示自己遭到背叛又要接受刑罚，他只说："没有比为朋友牺牲生命更伟大的爱了。"

耶稣真正地爱着他的门徒，用心教导并训练他们，他用无止尽的耐心对待他们，然后又甘愿为他们接受当政者的责罚。

你有没有一个同事或者老板能做到这一点呢？那些教导过你、培育过你、支持过你的人能做到吗？一切顺利时，你的老板能看得到你的功劳吗？当事情不顺利的时候，老板会替你接受惩罚吗（通常都是相反的）。

无论你是把耶稣的死亡与复活当作真实的历史事件还是一个寓言，他的门徒之后所写的事迹展示了他们是真的把耶稣的牺牲看作终极的证明，显示了耶稣的领袖地位以及他对门徒的大爱，所以他们也就把自己全部的生命奉献出来，传播耶稣的事迹和教诲。

12个门徒，12个追随者，人数之少为何完成如此大业？那时他们既没有手机也没有互联网传播这些言论，没有武力。但是他们通过不屈的斗争最终赢得了其他的追随者，口口相传，星火燎原。

这个故事跟现在的我们通过社交网络建立几百甚至上千的朋友圈、粉丝圈有很大的共性，现在的文化就是人们享用着社交，图的就是它的价值。

耶稣和12个门徒的故事说明了第二十三条法则：要想成功，你需要的是一个小团体，他们相信你，信任你，忠于你，而不是上百个弱关系。

谁会不遗余力地认可你并把你介绍给他的朋友呢？谁会放下手中的事帮助处于困境的你？谁会告诉别人他们从来没有遇到过像你一样值得信赖并天赋异禀的人呢？要想做到这些事情，你需要一些强大的人际关系。

确保你有非常要好的朋友，而不只是熟人。遵循第二十三条法则，因为数千年来它都奏效：要想成功，你需要的是一个小团体，他们相信你，信任你，忠于你，而不是上百个弱关系。

如何将第二十三条法则应用于实践

"要想成功，你需要的是一个小团体，他们相信你，信任你，忠于你，而不是上百个弱关系。"

社会学家罗宾·邓巴提出了著名的法则，就是每个人大概需要150段稳定的社会关系，这就是有名的"邓巴数字"。

但是一个人真正需要多少有实际意义的交往呢？我们采访过的几百位专家说，如果你真的想要减少一些关系的话，一个人在自己事业上或许需要12~15个必要的社会关系。

谁会在你的"关键人物"名单上上榜呢？看看以下的7个类别，你能想到你所需要的能深化关系的重要人物吗？

1. 客户和顾客。如果你从事商业工作，那么这两类人就是你工作的生命线。

2. 中间人。这些人可以把你介绍给他人，同时还能促成交易。

3. 同事。研究表明，公司内部的强关系会为你的成功提供重要基础。

4. 合作者。工作中，你也许会与其他的组织或者人员一起合作。

5. 捐献者。如果你在非营利组织工作，这些人就非常有必要。

6. 智多星。你有没有导师或者顾问？

7. 家人和朋友。

第二十四章
用热情感染身边的人

闭上眼睛一会儿。

想象有一辆货车，这是一节运货火车的车厢，有推拉门。现在想象这辆车上还有吊在天花板上的窗帘，把车上分出若干个房间。

曼尼·杰克逊就是这样长大的，他在那里出生并度过了上学的时光。还有更让人吃惊的，在那辆货车里还住在曼尼的12位家人，12个人！

这是一个真实的故事，由于太过令人震惊看上去像是编造的。

现在曼尼被认为是美国最出色的30位非裔美国人之一，他是其中最有影响力的，曼尼曾在很多公司的董事会工作过。

他的净产值已高达几百万美元，每年都在不断增长，他准备给慈善机构捐献一亿美元。

这是一场神奇的旅途，《从货车到董事会》，曼尼以此作为他的一部作品的书名，形容他大胆的朝圣之旅。这是一个值得讲述的故事，曼尼到12岁才读了他人生中第一本书，因为他上的种族隔离学校里没有书。

很快他发现自己可以跳，天哪，他可以跳。

他比学校里其他人都跳得高，而且曼尼似乎能轻而易举地腾空跳跃而飘浮不掉下来。他告诉我这很简单，就是尽自己所能地往高跳然后不要让自己掉下来。

篮球是他一生最大的爱好，从很早开始，他就展示出天赋，跳得高并在空中滑行，但是人们甚至不允许他和白人一起看高中的篮球比赛。

一天，一个朋友的父亲给他买了一张观看哈林花式篮球表演的票，对他而言这是非常大的吸引。曼尼完全被吸引了，他当场决定自己以后也要成为一个哈林花式篮球运动员，这个想法让他从内而外都燃烧起来。

曼尼开始认真地对待这项运动，他带领的完全由黑人球员组成的球队获得了州际冠军。他是球队队长，并把球队命名为"州际全美队"。

他决定要考取伊利诺伊大学，唯有那里的奖学金可以支撑他完成大学课程。他没有钱，却成为了第一个在大学篮球队打球的非裔美国人。曼尼在球队的时候，这支队伍每年都会参加国家比赛。

曼尼记得那些欢呼声和掌声，但是他也更深刻地记着另一些事情。我和他聊了一杯咖啡的时间，曼尼在讲一个故事的时候热泪盈眶，每次说起这个故事他都会感到非常痛苦。

"他们从来都不允许我和球队一起吃饭，通常他们会让我去另一个屋子里自己吃饭。那间屋子里有一扇窗户，我能看到其他队员，吃饭、开玩笑、搞笑地开自己的玩笑，而我呢，孤孤单单的，没有一个队友愿意过来和我一起吃晚饭，我伤透了心。"

但这并没有阻止曼尼进步，一个意志不够坚定的人可能就此被打垮，"我认为那些痛苦反而为我注入了希望，让我树立了我是谁的信仰，还有要达到顶尖的决心。"曼尼对生活的热情从未消减，他要成功的决心也愈发坚定，他的灵魂都燃烧起来了。

这通常不是一条平坦的旅途，生活也是如此，玫瑰都是带刺的。一路上有过失望，也有因为他的肤色而耽误了晋升，但曼尼始终保持着自己的热情，无论是高潮还是低谷——这是一种特殊的力量。

曼尼明白了弗兰克·辛纳屈[1]的名言："每次我发现自己毫无生气地依靠名气而活，就会迅速调整好自己重新投入战斗。"对于曼尼来说，生活是一场冒险，而他无限地热爱每个部分并投入热情。

他最终实现了自己最爱的梦想，1962年到1964年他成为哈林花式篮球队的球员，那一季末他觉得一个花式篮球员不是终身职业，他必须要工作。

曼尼在董事会逐步上升，最终进入了霍尼韦尔国际[2]，成为了公司的执行副总裁。但他越是在工作方面获得成功，脑中就越想着哈林花

---

[1] 弗兰克·辛纳屈，20世纪最重要的流行音乐人物，能与他媲美的只有猫王和披头士这样的乐坛巨匠。——译者注
[2] 霍尼韦尔国际是一家营业额达380亿美元的多元化、高科技的先进制造企业。——译者注

式篮球，他始终梦想着那里。

有一天他决定要买下花式篮球，没有什么能够阻挡他，最终他以600万美元的售价购得。

曼尼对领导力有一定的了解，他让这个企业从濒临破产到起死回生。

现在，到了曼尼回报的时间，他挣了钱，对于未来的新任务充满热情，当曼尼感受到要腾空的能量时他绝不会退缩。

曼尼在密苏里州的伊摩儿市建立了一个青少年中心，那就是他住在货车里长大的地方。他给很多机构做捐献，但他最热爱的地方就是伊利诺伊大学，他决定那里将是他的主要慈善基地之一。

他建立了曼尼·L. 杰克逊伊利诺伊学术发展和领导力项目，名字很长，但是结构和建立过程却非常简单，这是一个简单的一对一项目。

最重要的是，曼尼很享受回到校园教授领导力课程的感觉。在学校里，曼尼教会这些年轻人要对生活充满热情。曼尼同样为全国范围内超过1000个团体传授相同的内容，包括一些重大会议、公司以及类似的活动。

曼尼的热情源于他的性格，当他和自己建立的项目里的学生说话时，整间屋子里都能感受到他的能量和激情。从某种程度而言，当你思考一下他的背景时，就会觉得这是一件非常神奇的事情。正直这种品质阐释了第二十四条法则：热情是会传染的。

热情（Enthusiasm）是一个伟大的词语，En是一个希腊语词根，意思是"在其中"。Thusiasm是希腊词汇theos，意思是神，那么热情这个词的原意就是让神活在心中。

曼尼·杰克逊就是个充满能量的人，最重要的是他一直都在展示着自己的热情，即使在低谷时也一直如此。当生活一切顺利时很容易抱有热情，但是当你面对麻烦事或者遭受挫折的时候，就很难保持这种心态。

跟我一起参加一次曼尼跟所有获得他奖学金的学生们的演讲，他们都已经来了，坐在地板上等着曼尼进屋。他走到了屋子中间，被学生们围坐着，曼尼身上闪烁着热情的光芒。学生给予回馈，非常兴奋。

现在他们站了起来，鼓掌欢呼，喊着"曼尼，曼尼"！一直在喊他的名字。

曼尼的演讲风趣幽默，启迪思考，引人入胜，鼓舞人心。

但受到最多关注的不是这个部分，而是曼尼因为自己这些年在年轻人身上取得的成就而散发出来的热情，那也是他们对曼尼的热情。

你自己的热情会感染周围每一个人，会把他人吸引到你这里，让人们想要和你成为朋友。

你散发出来的能量越多，它经过传播又回馈你的就有多少。热情会传染，引爆这个传染物吧。

强烈的热情会让你形成一种自发力量，会激发你的责任感，感动周围的人让他们也行动起来。永远尊崇第二十四条法则：用热情感染周围的人。

如何将第二十四条法则应用于实践

"用热情感染身边的人。"

不能高估热情，但要是说起吸引周围人以及建立强大的人际关系，热情就会成为你的武器。

以下是展示和运用你的热情的6个方法：

1. 当和客户以及消费者会面时：如果你对自己的工作没有热情，对你的公司以及你所代表的产品和服务都没有热情时，潜在客户怎么会感到兴奋呢？

2. 当你参加工作面试或者申请某个职位时：你对自己的老板足够了解吗？对这份工作有热情吗？这份热情表现出来了吗？

3. 激励员工：如果你对自己公司的任务和策略都不够热情的话，你的员工又怎么会有热情呢？

4. 在他人情绪低落时鼓励他们：当他人处于黑暗期的时候，热情的鼓励和他们自身坚强的品质可以帮助他们走出低谷。

5. 早上醒来，想想是什么鼓励你起床的呢？找到一些能让你充满热情的事情，这样一整天你在做其他事情的时候也能被积极的光环笼罩。

6. 建立你的社交圈：你喜欢和什么样的人待在一起？一个忧郁的不断批评别人的抱怨者，还是一个热情的愿意主宰生活的人？热情会赋予你一股吸引人的魅力。

第二十五章

口渴之前先挖井

早上7点钟，我在查收邮件。根据专家意见，这不是开启新的一天最好的方式，但我控制不了这股冲动。我啜饮了一口咖啡缓慢起床，扫了一眼收件箱的主标题。前两条吸引了我的注意，这两封邮件就是你在需要获取帮助前为一段关系不断投入因此带来价值的最好例证。

第一封邮件的开头是这样的："我希望你会同意帮忙发布我的新书。我给您邮寄过去一本样书，希望您能帮我在亚马逊上写一个五星评论。"

我现在很享受帮助其他作者，也经常这样做，但我从未见过或者听说过这个人。这位先生想让我投入时间帮助他，但是他们没有为自己的需求做好准备工作。

我快速检查了一下。

不，他没有给我的任何一本书写过评论，或者评论过我的博客或者网站（这是能引起我注意的一种非常好的方式）。他没有订阅过我的通讯邮件（定期给读者发送的），也没给我发过他有多么欣赏其中一封（恭维会让你办事时畅通无阻）。事实证明，他甚至不是我朋友的朋友（那种联系总是很有帮助，你可以通过领英或者其他社交网络平台找到某个人）。

其实这封邮件的主人只要多花点力气就能让我帮助他写这篇评论。

现在来看第二封邮件，是我的大学同学发来的。我印象中他是一个非常好的人，虽然我们在学校里并不十分要好。他现在在创业，想问我是不是愿意给他的公司投资。这封邮件几乎有10页长，里面几乎包含了他完整的商业计划，都不用仔细看其中的内容，整件事都很清楚了！他是想让我掏钱。

这位同学和我有一些关系，我对此表示尊重。但他已经30年没有联系我了，他对于我的生活目标、工作状态和财务状况完全不知情（如果你需要投资，搞清楚这些事情是非常重要的）。他也没有细查我对他想提供的服务有没有兴趣（假如你在寻找投资者的话，是需要了解这些内容的）。

他甚至都没有在发邮件前，简单地问问我有没有兴趣接收有关他的商业想法的其他资料（记得做销售时激起对方的好奇心并更多了解那条经过时间检验的策略吗）。

向某人要求什么东西时，不一定要把所有准备工作都做了。一次意外的问询，尽管之前没有交集，有时候也是一种优势，但是通常事先给土壤施好肥更有帮助。

最近我在乘坐西南航空公司的飞机去洛杉矶时听到了一个不同的故事。听过这个故事后，下次你坐飞机时可能会更想和邻座的人聊天，你永远不知道旅行的时候谁会坐在你旁边。

我坐在靠近走廊的位置，我旁边中间那个位置还没有人，你知道那种感觉！我非常希望是娇小的女生，因为三个大老爷们儿挤在经济舱的一排椅子上真的很难受。但是飞机上人渐渐多起来，走进来的旅客一个个地路过我所在的这排座位，我旁边还是没有人。

不一会儿，一个高高大大的男人停在我旁边的走道上，"你可能不太乐意，但那是我的座位。"他说道，他了解靠窗和靠近走道的乘客对中间那个座位的乘客有多么期待。我有点不开心，但他说话的时候眼里闪着光，声音柔和，让我卸下了防备。

飞机起飞后，我们开始聊天。他50岁出头，足有1.9米，是一个非洲裔美国人。他把手伸向我，"我是佩特里，"他说，"佩特里·布莱德。"我没有认出他来，他说他是洛杉矶的一位演员。

我问了他一个问题，一个有关能力的问题，我经常问事业有成的人这个问题："那么，佩特里，你是如何进入表演这一行的？"我猜测他会说是参演西马萨诸塞州的夏令剧目，或是大学的戏剧表演。佩特里·布莱德是这样告诉我的：

"我在纽约的布鲁克林长大。起初，我在纽约布鲁克林的法庭做法警，上世纪80年代我转到了家庭法院部门。当时的法官叫朱迪·谢德林，那段时间我们成了关系非常亲密的朋友，当时我负责的工作是帮她严格管理她所在的法庭。"

"哈，"我只能不断感叹，我没有把这两样联系起来，"然后发生了什么？为什么会走上表演生涯？你是晚上上表演课还是什么的？"

"我从约翰·杰学院拿到了刑事司法专业学位，之后在1990年前后，我和妻子决定搬到西海岸，我们想要重新开始生活。我知道之前纽约那位法官从纽约搬到了洛杉矶，她正准备筹拍一部电视剧。我给她打了电话还留下一段语音，我说：'朱迪，我穿上西装看上去仍然还不错，如果你需要一位法警，记得找我。'没觉得会有什么结果，但是值得一试。"

我突然想起："你说的是朱迪法官？电视节目里那位？"

"是的，没错。"佩特里冷静地说，对于我的无知毫无鄙视和指责。佩特里是一个随和、容易相处的人，不会妄自尊大，不需要特别待遇。

"第二天我接到了朱迪的电话，她告诉我她正在找一位法警的扮演者，我跟她见了面，当场就得到了那份工作。我以前从来没有表演过，但是没关系，那曾经就是我的工作。我知道怎么真实地表演——我不需要上表演课！因此我就是从那里开始的。我当朱迪法官的法警有十年之久，我在电视剧圈里是当法警最久的人，这段经历也为我带来了许多其他的机会。"

《法官朱迪》这部剧不是刑侦剧里收视最高的，却是美国日播剧里最受欢迎的，头一号！佩特里·布莱德是她唯一的一个法警，每天有数百万人在电视上看着法官朱迪和她的法警佩特里·布莱德。

想象一下这个故事的一个不同版本，假如法官朱迪收到的信息是这样的（把你的难以置信收起来一会儿）："嗨，我是佩特里·布莱德，我希望能在你的新电视剧里出演法警这个角色。我知道你只需要一个法警的角色，现在已经有3000多人申请了，但我是唯一的一个。也许你从未听说过我，你从没见过我，我也没为你做过什么事情，我从来没有关注过你的工作，但是我需要你的帮助。"

他也许也会有一个机会，但是我觉得事情如果是这样，佩特里就不会那样给我讲述了。

在我去洛杉矶的飞机上听到佩特里的这个故事，重点说明了第二十五条法则："在你需要朋友前先建立好关系。"

当你跟周围人提要求之前，首先要对他们付出。花点时间培养你的关系，就像在花园里培育花朵一样，不要把你的人际关系当成存钱罐，伸手就拿。

（另外，这条法则有一个例外，就是你和你想联系的人距离太过遥远。假如你没有办法事先和对方培养一段关系，第二条法则就派上用场了——大胆提问，请阅读第二章。）

两千年前，罗马帝国每征服一个国家所做的第一件事就是修建完美设计的道路网，那些道路修建得非常好，有的至今仍然可以使用。罗马人之所以这样做，是提前为未来的军事和商业交通做准备。同样地，你也必须建立自己的人际关系网——你的路，提前为你未来的事业和个人需要做好准备。

遵循第二十五条法则：在你需要朋友前先建立好关系。各种未曾料到的机会都会向你走来，你会发现帮助你的人不过就是一通电话的距离。

如何将第二十五条法则应用于实践

"在你需要朋友前先建立好关系。"

以下是4个简单实用的步骤，你可以利用这些步骤发展自己的朋友圈。

1. 你不能用同样的方法对待所有朋友，首先要把和工作相关的联系人分成三类：

- 重要联络人（15~20人）

- 较重要联络人（25~75人）

- 一般联络人（其他所有人——成百上千）

2. 给每组联络人制订一个可行又恰当的联系计划。比如：

- 每年跟你的重要联络人联系2~3次，保持紧密的联系，花时间了解他们的需求。

- 时不时跟较重要联络人联系，至少一年一次，用一些个性化的联系方式（明信片、信件、个人邮件，电话等等）。

- 使用成本低但密集有效的方式和一般联络人保持联系，指的是你所有的那些成百上千的联络人。这些包括了发一封邮件、一封信或一条微信等。

3. 每年都有一次到两次把整个联系人列表过一遍，找到那些你应该联系的人，和他们打招呼。

4. 总是试图寻找方法帮助和鼓励你社交圈里的联系人。

第二十六章

池塘里的一枚石子——慷慨的给予才是真正的富有

我称这章为连锁反应。

想象一下把一块石子扔进池塘里，看着水波四下散开，每一个波纹都比上一圈要大，不断膨胀。当我跟你讲起理查德·哥德巴赫的故事时请你记住连锁反应，里面涉及到了理查德这一生最惊悚的时刻。

我正在和理查德一起吃早餐，昨晚他邀请我在他家里过夜。这是我所见过的装修最精美的房子之一，就像是在参观博物馆。

理查德是Metro Machine的CEO和主要控股人，在他的领导下，这家公司成长为一家大规模的强盛企业。通用动力公司已经关注这家公司有一段时间了，最终在2011年将其收购。

理查德是一个非常慷慨的人，是一位慈善家，他的公司位于弗吉尼亚州诺福克市。他是当地公益基金最大的贡献者之一，也是诺福克市男孩女孩俱乐部最大的赞助人之一。

理查德特别关注诺福克市内的教育情况，他认为那是最需要帮助的方面。那里已经成为了理查德慈善事业的主要资助地，这个故事就是从那里开始的。

他开展了一个希望工程项目，帮助年轻人接受教育，理查德和他的公司是发起人和资助者，这个项目在市内最不发达的郊区里最差的学校里进行。

"我相信，"理查德告诉我，"如果这些年轻人学习阅读并爱上阅读，他们的人生将会有一个新的开始，这也是我们对未来重大的希望之一，对于他们以及整个国家都是如此。"

理查德对这个教育项目不仅投入了热情还投入了爱心，外加每年都有的一大笔资金，每年的资金超过100万美元。

回到那个让理查德惊悚的时刻。

他的公司的主营业务是建造船只，还有就是为美国海军修理核动力驱动船只。工厂建在海滨地带，那是诺福克市最贫穷、饱受抢劫困扰的地区。

有一天晚上，理查德工作到很晚，那一晚夜色很深，十分寒冷，他走到公司漆黑的停车场去开车。

黑暗之中，他瞥见几百米开外有什么东西在朝向他移动，是一个男人，身材非常高大。理查德想着怎样才能躲开他尽可能快得朝自己的车走过去。他加快了脚步，那个男人则几乎呈对角线的方向朝着理查德走来，理查德摸到了自己的手机。

但是理查德走得越快，那个男人走向他的速度也就越快，他几乎追上了理查德。那个高大的男人，皮肤跟夜色一样黝黑。他们靠得非常近，理查德几乎能非常清晰地看到他的轮廓。理查德不喜欢看到这一切，他很害怕。

他想到了最糟糕的一面，他有一只价格不菲的手表但是没有太多钱，他知道自己可能要把这些都交出去了，而且很快决定自己要这么做，他只是想活着走出去。

很快这个男人追上了理查德，他们面对面，理查德能听到对方粗重的喘气声，理查德害怕得僵住了，几乎瘫软。

"哥德巴赫先生，哥德巴赫先生。"那个男人喊着。

他是怎么知道我的名字的？理查德很好奇，"他有可能是特意要找我，我觉得他可能是在跟踪我。"理查告诉我。

"他抓住我的胳膊，然后够到了我的手，他要跟我握手。天哪，他是要和我握手，是要跟我说话。

"'哥德巴赫先生，我就是想感谢你。我欠你太多了，你教我三年级的儿子阅读。现在，哥德巴赫先生，我的儿子在教我阅读。'"

理查德在给我讲述这个故事的时候，感慨万分，即使已经过去了很久。理查德在这段交往关系中，肯定是处于一个圣人的地位。

你和一个项目或者一个人的关系可能会制造连锁反应影响他人，但几乎没什么方法能帮助你知道这是如何产生影响的。影响范围不断扩大，几十人甚至上百人，或许更多。安德鲁·戈尔德写了一首歌："谢谢你成为我的朋友"。

如果你帮助别人，结果可能是会帮助到更多人，因为第二十六条法则是这样解释的："每个慷慨的举动都会产生连锁反应。"

理查德·哥德巴赫亲身感受了连锁反应让他的慷慨举动翻倍了。然而我们常常看不到这种结果，因为没有得到鼓励，你的举动带来的连锁反应可能太微弱了，你根本就无从知晓。

你带来的影响要比你想象的更大，但这些不会总是以你期望的方式出现。第二十六条法则——每个慷慨的举动都会产生连锁反应，确保了你的举动能够产生比你预见的更好的影响。

如何将第二十六条法则应用于实践

"每个慷慨的举动都会产生连锁反应。"

慷慨有以特别的方式打动他人的力量，把自己的一生都致力于救助非洲病人的阿尔伯特·史怀哲医生曾说过："做一些伟大的事情，人们可能就会去模仿。"他还写道："榜样就是力量。"你通过以身作则就能鼓励慷慨行为的传递。

以下是你通过人际交往带来更多连锁反应的5个简单方法。

1. 给熟人打电话，或是碰见他们就停下来聊天，没有其他用意，只是问问对方的近况。告诉他们你很想念他们，很想知道他们在忙什么。

2. 开车的时候允许对方插队，招手示意他们过来。

3. 下一次在饭店遇到服务员或者在便利店遇到售货员，朝他们微笑，询问对方的近况，他们可能工作了很久薪水还不高。

4. 如果你有能力，帮助那些你可以支持的事业或者是需要帮助的人们。有一个有趣的现象，研究发现美国中低收入人群比那些年薪超过10万的人捐赠的比例更高（你觉得原因是什么）。

5. 问问自己，你的人生目标是什么，为什么你出现在这里？你的答案可能会鼓励你更加关注你通过自己的人际关系带来的连锁反应。

如何运用这些法则

克服16个常见的交际难题

你已经读过26条人际交往法则了，通过每一章的故事，你可以看到这些法则是如何起作用的。现在，你需要在生活中的每个方面都使用这些法则。

你应该做的第一件事就是下载免费的实践手册（附录中包含了），那是我们为了帮你制定一份个人的人际交往行动指南量身打造的。

然后就是通读这个部分，我们列出了16条人们在交往中常见的难题。这些大多数都是工作上的难题，比如跟高级主管有更多的交流，但有一些是跟你的朋友和家庭有关的。对每个难题，我们都列出了非常实用的几个法则，然后讲述一些步骤来帮助你处理这些特别的难题。

首先来回顾一下26条法则：

1. 牢固的人际关系是建立在有价值的对话上，而不是一个人在向另一个人炫耀自己知道多少。

2. 大胆提问。

3. 交友要看人，而不是看职位。

4. 你能送给他人最珍贵的礼物就是信任。

5. 了解他人的要事并帮助他们解决。

6. 通过结交与自己完全不同的人提高自我。

7. 严肃的合作需要一定的关系作为基础。

8. 正直重于一切！

9. 时刻为对方着想。

10. 不要因为一个尴尬的开始止步——找到能联系彼此的个人喜好，你们也许会发展成很棒的关系。

11. 获得对方信任首先要信任对方。

12. 改变环境会深化彼此的关系。

13. 要及时告诉对方他们对你有多重要，不要等待。

14. 事情无论大小，你总可以做些事情帮助身边的人。

15. 像真正的客户一样对待潜在客户，他们就很有可能会真的成为你的客户。

16. 示弱是一种力量。

17. 挖掘一个人最大的潜能，需要真相和关爱。

18. 引起对方的好奇心。

19. 常常通过认可和赞扬表达你的关心。

20. 知道好问题比知道问题的答案更重要。

21. 无私的举动会搭建强大的纽带。

22. 成为客户成长和盈利的一部分，他们就会对你有源源不断的需求。

23. 要想成功，你需要的是一个小团体，他们相信你，信任你，忠于你，而不是上百个弱关系。

24. 用热情感染身边的人。

25. 在你需要朋友前先建立好关系。

26. 每个慷慨的举动都会产生连锁反应。

16个常见的交际难题

以下是我们要帮助你克服的难题。

客户关系方面：

1. 我如何与那些C字头职务①的客户或者做决策的高级主管建立联系？

2. 一些客户已经把我的能力归为某一类了，我怎样能扩大他们对我能力的认识？

3. 我怎样跟那些对我们不太感兴趣的客户建立关系？

4. 我怎样能跟客户有更多的基础交往？

业务方面：

5. 我怎样才能与潜在客户或者顾客有更多见面机会？

6. 我怎样把跟客户的一次随意谈话的主题转移到我的产品和服

---

① 原文是C-Suite，比如CEO、CIO、CTO、COO等职位都是以C开头，这里指的最高管理层。——译者注

务能为其提供帮助?

　　7. 在业务过程陷入困境时我该怎么办? 我已经和客户进行过多次沟通但是似乎没什么效果。

日常工作方面:

　　8. 我怎么能够和上司建立强大的关系?

　　9. 怎样才能让我的同事支持我并且帮助我在工作上获得成功?

　　10. 我怎样才能挤出时间建立长久稳固的关系?

　　11. 我正在找工作,应该怎样发展我的交际网并拓展各式各样的联系帮助我?

　　12. 怎样运用社交媒体扩大朋友圈?

　　13. 我正要准备建立/重新建立工作上的朋友圈,该从哪里开始?

家庭生活方面:

　　14. 怎样才能让我和配偶或伴侣重新迸发爱的火花?

　　15. 我如何才能改善和孩子的关系,促进更多交流呢?

　　16. 我一直把重心放在了工作和家庭上,没有时间扩大交际面,我怎样才能加强和朋友的关系重塑个人关系网和友谊?

客户关系方面

1. 我如何与那些C字头职务的客户或者做决策的高级主管建立联系?

能够帮到你的几个法则:

法则3:交友要看人,而不是看职位。

定价: 199.00
全球统一定价

一举二亿的优势测量工具、个人发展、组织管理咨询与学解决方案

《现在，发现你的优势》升级版

盖洛普
STRENGTHSFINDER 2.0
优势识别器
2.0

蝉联1年位列美国及其全球畅销总榜前十名
2013、2014年度第1名、2015年度第5名、2016年度第2名

[美] 汤姆·拉思 Tom Rath 著

中国青年出版社

2013、2014 年
亚马逊全年畅销总榜第 1 名
2015 年第 5 名，2016 年第 2 名

英文版自 2007 年首次出版以来连续
10 年位列美国亚马逊畅销总榜前十名

每 周 可 监 测 销 量
达 12000 册

全球顶级咨询/调查权威盖洛普公司 50 年研究
成果，1 个密码，30 分钟测试
专业选择、职场定位、员工选拔的科学解决方案

书中附赠"优势识别器 2.0"
测试密码一个

很多主管级别的人身边都有一群顾问或者出谋划策的同事，很难打入其中。现在开始跟那些有活力的"蓝筹股"们交往并保持联系吧，他们聪明、上进，总有一天会当上高级主管。

法则18：引起对方的好奇心。

公司的决策者们每天都要被那些想见他们的人骚扰，你要引起决策者们的好奇心，吸引他们见你，之后通过一个话题引起他们的兴趣从而安排后续的见面。这很重要，因为通常第二次见面比第一次见面还要难。

法则22：成为客户成长和盈利的一部分，他们就会对你有源源不断的需求。

如果客户把你当作可以控制的开支，就会随时把你削减掉。但如果你的工作被看作是有助于盈利，提高利润，刺激创新，那么客户就会看出他们投入之后的巨大回报，C字头的领导尤其注重盈利和企业成长。

其他行动：

（1）分享关于领导力包含研究、评论、观察的行业内刊，吸引高层主管。一篇关于你的最新质量管理方法的文章不会真的吸引一位财务主管，但是一篇名为"每个CEO融资前都应该问的五个问题"可能就会得到他们的注意。

（2）给时间增添价值。中层管理者关心的是资产的价值，但是高层管理者关注的焦点是建立人际关系的时间价值。关于市场和竞争你能带来什么出人意料的洞见？关于改进目前的运营你有什么想法？你能帮助主管重新剖析问题吗？

（3）试着在业务过程初期就跟领导者建立关系，并在之后的过程中不断维护这段关系。跟每天和你见面的客户说清楚为什么那样的接触会确保你参与项目获得成功，一定要在公司的整体目标和愿景中规划你的工作。

2. 一些客户已经把我的能力归为某一类了，我怎样能扩大他们对我能力的认识？

能够帮到你的几个法则：

法则1：牢固的人际关系是建立在有价值的对话上，而不是一个人在向另一个人炫耀自己知道多少。

如果想要扩展客户对你能力的认识，就必须扩大你的谈话范围。不要把所有的时间都用在谈论现在这个项目上，跟客户延伸一下谈话的内容，聊聊他们的热情所在、职业目标和最具挑战性的工作内容。

法则12：改变环境会深化彼此的关系。

当你和客户在办公室之外进行交流的时候，会改变这段关系的动态，人们会降低警惕，更容易敞开心扉，你们可以聊聊工作之外的话题。

法则20：知道好问题比知道问题的答案更重要。

如果你想了解一位客户在商业和事业上的挑战或者了解他们更多，经过深思熟虑的问题会成为最有价值的武器。当你问到了有关于可能出现的问题或者机会，能够提出解决办法，客户们对你能为他们做的事情就会有新的认识。

其他行动：

（1）如果你和一家公司或者一个大企业合作，要特别注意经常给客户介绍一些同事，一些在客户比较关注的领域是专家的同事。

（2）把曾经接受过你全套服务或者产品的客户介绍给新的客户，推荐一个会面的地点，方便他们最终见面，也能见识一下另一个客户是怎样用你的解决办法来处理同样难题的。

（3）做一个能力展示，使用多媒体技术进行一个高度互动的会议，这样你的客户能全方位看到或者体验你的工作。

（4）降低你和客户见面的门槛，多花一些私人的时间跟客户待在一起，你会更了解他们的需求和困难。

（5）深入了解客户的利益关注点，开始一场正式的谈话，完整地梳理一遍其中某个深入的角度，或是你能拿来一起探讨的调查发现。

3. 我怎样跟那些对我们不太感兴趣的客户建立关系？

能够帮到你的几个法则：

法则6：通过结交与自己完全不同的人提高自我。

把这个难搞定的客户当作一个挑战，表面上或许对方不想建立一段关系，他们可能是性格或者脾气和你不对路，但是你真的试着好好和他们沟通了吗？你有没有始终如一肯付出时间去努力？你真的尽全力了吗？

法则9：时刻为对方着想。

即使非常冷淡的人，也会跟那些满足他们需求、帮助他们完成目标的人交朋友，你真的了解客户最关注的热点和担忧吗？

法则15：像真正的客户一样对待潜在客户，他们就很有可能真的会成为你的客户。

对于这个难题，这条法则有一个更宽泛的意义。大多数人会在关系变得僵持或者不顺畅的时候主动远离对方，但在这种情况下，尽量表现得好像这个客户是你最好的客户之一，你表现出来的积极正面的态度最终会改善这种情况。

其他行动：

（1）重点关注客户的首要任务，确保你真的明白他们想要实现什么目标。

（2）弄清楚并重新规划对工作的期望，客户想要什么样的结果？客户期待怎样沟通？他们想多久见一次面？

（3）搞清楚这个人是不是已经和其他外部供应商或者某个同事建立了互相信任的关系，他们的交往关系有什么特点？

（4）考虑一下这种情况，这些人是不是属于那种不愿意和他们公司的顾问或者供应商关系过分亲密的人。如果是那样，为这位客户好好做工作，但把时间投入到建立其他更有前景的关系中。

4. 我怎样能跟客户有更多的基础交往？

能够帮到你的几个法则：

法则16：示弱是一种力量。

在情感上示弱会在一段关系中制造更多亲密感。你应该用一种合适且不冒犯的方式，了解对方的感受同时自己也敞开心扉，目的就是获得情感上的回应。

法则20：知道好问题比知道问题的答案更重要。

要想和别人建立一段关系，你需要更了解对方，对方也需要更了解你，你最好的工具就是提出经过深思熟虑的问题。

法则21：无私的举动会搭建强大的纽带。

你一定要真心地对他人感兴趣，不能总是出于商业目的接近他人。

其他行动：

（1）跟随客户的步伐，慢点行动，把步骤细化。如果对方很注重隐私，那就慢慢发展亲密感。

（2）一定要保持足够的好奇心，对待别人和他们的生活要很有兴趣。关于他们的爱好、家庭、热爱的事情、假期和观点，以及他们对时事的看法，等等，要善于发问，"您是怎么开始的"会是一个非常好的问题。

（3）寻找相似点和共同点，用作彼此联系的手段。围绕以下话题和客户保持联系，共同的爱好、家庭、彼此之间的熟人和生活中关心的事情、遇到的挑战，等等。

（4）要花一些时间见面来增进熟识度，尤其是在一段关系的开始，找到一个两人见面交流的地点很重要，熟悉感会促进彼此的好感和信任。

（5）更加有人情味儿和和平易近人，表现自信同时保持谦卑，偶尔承认你对某件事或者某个人的看法有误。

业务方面

5. 我怎样才能与潜在客户或者顾客有更多见面机会？

能够帮到你的几个法则：

法则2：大胆提问。

很多高级主管不会接见那些他们并不认识或者没有熟人引见的人，如果你足够有创造力、够大胆、够坚持，也许就能异军突起。

法则18：引起对方的好奇心。

能够让一个潜在客户跟你见面的最好方法就是引起他们对你能力的好奇心，尤其是解决客户现存问题的能力。当一个客户感到好奇的时候，会主动向你"靠拢"，而不会觉得自己是在接受推销，你是否在清楚地展示自己有能力处理潜在客户的问题？

法则25：在你需要朋友前先建立好关系。

如果一个潜在客户已经认识你了，也觉得你会带来帮助，他们就会更愿意和你见面。当你想跟客户讨论业务时，就会得到更热情的接待。

其他行动：

（1）创造更有价值的谈话内容，尤其要展示你帮助客户解决问题和困难的专长，通常是运用多种网络渠道，比如博客、文章、豆瓣、列表清单、分析软件和视频。

（2）在网上进行搜索，找到潜在的客户或者引见人。翻阅过去几年的电子邮件，看看你的社交网络联系人，浏览你的校友网等，找到可能的联系人。

（3）询问现在和过去的客户，还有那些了解你的人，寻找合适的引见人把你介绍给新的客户，陌生电话拜访或许是你最后一个选择。

（4）选择可以引起客户好奇心的方式接近他们，表明你提供的内容可以帮助他们实现目标。提供有趣的调查研究、市场数据，或者是有关客户面临的一个重要问题的特别消息。

（5）每天都要扩展交际圈，至少联系一个人，最好是两到三个，几个月后你就会显著拓展你的可用交际圈。

6. 我怎样把跟客户的一次随意谈话的主题转移到我的产品和服务能为其提供帮助？

能够帮到你的几个法则：

法则1：牢固的人际关系是建立在有价值的对话上，而不是一个人在向另一个人炫耀自己知道多少。

当你和一个业务上的联系人对话的时候，要进行一场有趣的谈话，不要总是试着给他们留下印象，或者太着急达到自己的目的。问问他们工作上的事情或者他们面对的挑战，简要地分享你在做的事情。

法则5：了解他人的要事并帮助他们解决。

交际合作的中心议题就是要了解对方的首要任务、要紧事、需求和目标（既有工作上的也要有生活中的），当你了解了他们的要紧事，就会知道你能做什么来增加价值了。

法则15：像真正的客户一样对待潜在客户，他们就很有可能真的会成为你的客户。

你跟潜在客户的谈话不应该和现有客户的谈话有什么不同，你的基调就是要努力帮助他们，并建立个人层面上的支持和信任。你提出一些有想法的问题要阐明对方的问题，并通过描述工作上的案例生动地展示自己是怎样帮助客户的。你分享了最好的方法，这样就增加了价值。

其他行动：

（1）掌握谈话的主动权，这样你就会明白对方最重要的目标和挑战。结束谈话时，可以说一句："那些是我帮助客户解决的问题，我很乐意请您吃饭，进行下一步的讨论。"

（2）根据所学的内容，立刻问自己："我如何帮助眼前这个人？"他们是刚刚投入这个工作吗？给他发一篇关于刚得到一份工作该怎么做的文章或者相关的图书。他们是刚刚搬来这座城市要给孩子找学校吗？介绍相关的专家给他们认识，等等。

（3）用一种有趣、专注的方式跟对方分享你在做的事情，不要连篇累牍、使用专业术语或者侃侃而谈超过5分钟。当有人问你是做什么的，简短地陈述有价值的信息（"我是名会计，我帮助客户及时缴税，从没出过差错，而且极少出现审计风险"）。

7. 在业务过程陷入困境时我该怎么办？我已经和客户进行过多次沟通但是似乎没什么效果。

能够帮到你的几个法则：

法则7：严肃的合作需要一定的关系作为基础。

你有没有真正地建立过一段合适的信任关系以促进业务发展？

法则9：时刻为对方着想。

你看出来一个问题能够解决，却不明白为什么某个客户就是不愿意向前一步解决这个问题，但你有没有站在对方的角度考虑过？你有没有反思过他们也许正在面临公司的约束，或者是和股东保持一致时遇到了困难？功课做得更足一些你就会明白这些的。

法则10：不要因为一个尴尬的开始止步——找到能联系彼此的个人喜好，你们也许会发展成很棒的关系。

很少有人只通过一通电话就完成一次业务，有时候一笔生意是通过几个月甚至几年的关系培养才能完成的。除了增加你能提供服务的价值和影响力，找找你们私下的共同点。

其他行动：

回顾一下潜在客户（或现有客户）成为购买者的5个预设条件：

（1）他们面临着一个重大问题或者机遇（如果没有类似的事情，他们为什么会雇佣你或者从你这里买东西）。

（2）正在跟你谈话的主管"掌控"着这个问题，能够采取行动（如果这个潜在客户自己不能决定向前一步，你就是在浪费时间）。

（3）对于现在进步的速率或者现有的供应商稍有不满（他们或许有问题，但是感到以当前的努力，这个问题可以得到充分解决）。

（4）他们相信你是最好的，最有价值的选择（预设条件1~3可以同时存在，但是最终这个潜在客户需要充分相信你处理和解决这个问题的能力）。

（5）他们知道有合适的股东支持这个议题（在一些大型企业，一个购买者必须确保重要影响人物赞同雇佣你的决定）。

日常工作方面

8. 我怎么能够和上司建立强大的关系？

能够帮到你的几个法则：

法则5：了解他人的要事并帮助他们解决。

你需要知道你的上司处理要事和目标的日程安排，要建立一段积极向上的友谊，首先取决于你是否很好地帮助客户实现了这些目标，其次是你是否达到了他们对你的预期。

法则20：知道好问题比知道问题的答案更重要。

提出有思想深度和引发思考的问题，从而发现改善的机遇，这样你就会成为人们心目中强大的、积极主动的思考者。

法则24：用热情感染身边的人。

老板们欣赏热情和能量，你的工作就是帮助你的老板和企业获得成功，你应该寻找每一个机会实现这个目标，不要垂头丧气或者抱怨工作!

其他行动：

（1）了解你的上司年终时是怎样被他的上司考核的，衡量他的绩效的尺度是什么？确保你在工作的时候也满足了一个或者所有的标准。

（2）不要狭隘地限定自己的作用，然后还固执己见。在任何时间、地点、面对任何任务都要乐于提供帮助，不要在意这个任务是大是小，这样的态度会让你和同事更好地相处。

（3）无论何时参加工作计划或者工作执行的总结会，一定要花时间准备出两到三个强有力的问题，你会成为一个有想法有策略的思考者。

（4）要明白你的上司也是人，你不一定成为他们的朋友，但是要理解他们的价值观、成长经历、风险容忍度还有人际关系网，等等。可以从一个问题开始："您是怎么开始的？"

9. 怎样才能让我的同事支持我并且帮助我在工作上获得成功？

能够帮到你的几个法则：

法则4：你能送给他人最珍贵的礼物就是信任。

你是否支持自己的同事？你会批评他们还是帮助他们成长并表扬他们的能力和潜力？他们会觉得你信任他们吗？

法则5：了解他人的要事并帮助他们解决。

假如你想让同事帮助你，你必须帮助他们。为了做到这件事，你必须了解他们的要事和需求，你有没有投入时间找到这些究竟是什么？

法则21：无私的举动会搭建强大的纽带。

你可能得到的最坏的名声就是你是一个只为自己着想的人，时机到了的时候，你会和他人一起分享成果，甚至分给他人比你预想得要多的成果吗（其实很常见，我们都会夸大自己的功劳）？

其他行动：

（1）像熟悉普通人一样去了解你的同事，你不一定要成为他们最要好的朋友，但应知道他们是谁以及什么对于他们来说很重要。

（2）每周花15分钟和那些你不太了解的同事相处，问问他们最近在忙什么，找出他们最近的要紧事是什么。一年之后你就会交到50个新朋友，或者加深以前的关系。

（3）换一种新方式找到机会帮助正在面临艰巨挑战的同事，或者找到一些能帮助你的同事。是不是有人的工作任务截止日期马上就到了，或者尝试在完成一个艰难的项目？为他们提供帮助。

10. 我怎样才能挤出时间建立长久稳固的关系？

能够帮到你的几个法则：

法则3：交友要看人，而不是看职位。

针对这个问题，这个法则有两层意思：首先，你需要制定一份特定的、经过确认的朋友圈联系方式，这有助于你系统性地完成这个任务。其次，你必须站在一个长远的角度，你可能现在就需要做成一单生意，你需要现在就行动，但你必须始终长期培养你的人际关系。

法则25：在你需要朋友前先建立好关系。

如果你能事先花时间建立联系，就能更容易在毫无压力的情况下联系他人或开展业务。如果你每周都能坚持这么做，那么就会发现投入的时间是可以控制的，随着时间发展也会获得巨大进步。

其他行动：

（1）做出承诺，决心把你的交友质量提升到和你的专业技能或者工作熟练程度一个水平。

（2）把这个活动看作一个持续的过程，而不是单一事件。把建立关系当作节食或者运动计划，这不是一次每年一月一日新年伊始的简短事件，无论是坚持节食还是坚持运动，都是通过生活方式的改变最终取得成功，那就要求你每天坚持做一些小事。

（3）有的放矢，把关注重点放在那些"极其重要的"关系上，你与重要的15~20个人之间的关系的确会带来重大改变，而不是你的联系人列表上的每个名字，始终把这个重要联系人列表放在桌子上或者口袋里。

（4）制订每周的活动计划，把自己当作一个客户，每周为你的日程表制订时间计划，主要包含"重要但不紧急"的长期的人际关系培养计划与打造个人品牌的努力计划。

（5）养成一些小习惯。比如，一周挑一天早早去制作你的重要关系人简短清单，一天给你关系网中的重要人物送一张卡片，每次的客户会议上写一个简短的总结，第二天发给参会人员，每周花10分钟跟和自己不熟悉的同事待在一起，等等。

（6）列出能帮助你的人，让管理层的助手或者资历高的团队成员帮你拓展你的联系范围，帮助你联系关键人物，把你的角色设定为"交际网市场经理"。让你的团队都参与进来，这样每个参与到客户关系的员工就都有维持和建立人际关系的责任了。

（7）更聪明地工作而不是蛮干，提高利用现有方式和客户联系的效率，询问他们的近况，以及他们过去的经历和现在热情所在。

（8）可能的时候负起责任，如果要跟客户出差或者去不同的城市，出发前先跟一个联系人或者潜在客户开一个额外的会议可以提高效率。

11. 我正在找工作，怎样才能发展我的交际网并拓展各式各样的联系帮助我？

能够帮到你的几个法则：

法则2：大胆提问。

你在跟与自己最亲近的人寻求帮助或者建议的时候，需要大胆而勇敢地提出。给朋友圈里的人打电话，他们很有可能会向你介绍完全不同的朋友圈。在一项著名的求职调查里，一个社会学家发现那些弱关系在找工作的时候很重要。

法则22：成为客户成长和盈利的一部分，他们就会对你有源源不断的需求。

该法则在这个问题中，鼓励你把注意力放在那些周围能帮助你进步和成功的朋友身上。你怎样才能帮助他们接近最高目标？如果你在和一个有可能雇佣你的人聊天，你能提出关于他们怎么才能提高和改进现有工作的想法吗？

法则23：要想成功，你需要的是一个小团体，他们相信你，信任你，忠于你，而不是上百个弱关系。

现在是时候依靠你的内部交际圈了，如果你没有一个强大的内部交际圈，就需要发展一个，那些忠于你的朋友是谁？谁是你最坚定的支持者？

其他行动：

（1）从寻找信息开始，如果你想打电话给某人问问有没有工作机会，你有99%的可能性会被拒绝。但如果你打电话是要寻求意见以及学习，就会得到一个更温暖的回应。

（2）每次谈话结束前，再多询问一到两个你应该联系的人的联系方式。

（3）很多老板面试的时候都会注重员工推荐的候选人，通过这种方式，联系那些在适合你的公司上班的同事，能够得到招聘人员的推荐会大大提升你获得一次面试机会的可能性。

（4）如果你刚毕业现在仍没有工作，想想从现在开始先积累一到两年的工作经验，这会让你更容易得到雇主的注意。如果你现在的工作薪水很低想要涨薪，可以给自己充电，比如考一个专业资格证书，或者去非营利机构积累工作经验，等等，你需要表明你在做的每件事都会帮助你进入你所选的领域。

12. 怎样运用社交媒体扩大朋友圈？

能够帮到你的几个法则：

法则2：大胆提问。

社交媒体会为你提供无限的机会发展和拓展你的朋友圈，你可以通过领英或微博微信平台找到不认识但又想联系的人，网上还有很多地方你可以搜索信息、寻求建议和帮助，这是你想见某人时第一个也是合法的一种互动方式。

法则8：正直重于一切！

由于人们在社交网络上很容易变得不诚实，因此有可能常会发现一些虚假信息，查证事实也比以往都要容易。现在你的社交网络形象就是你的名片和人品的一部分，谎言不仅会被识破而且会对你未来很长一段时间的个人形象造成伤害。

法则24：用热情感染身边的人。

如果人们对于网上的一些事情很有热情，很快就会传开。第24条法则运用在这个情况中，通常就是让人们对你的文字、产品、服务以及你的观点想法感兴趣。

其他行动：

（1）自我评估一下你对社交媒体的运用。几年前社交媒体平台还是一个新鲜事物，但现在它们已经非常成熟了。比如我现在动笔的时候，脸谱网每个月就会新增11亿用户，推特（美国的微博）上就会新增28800万活跃用户，Google+每月新增35900万，领英（LinkedIn）

每月超过两亿用户（数据来源：GlobalWebIndex研究调查）。你现在在用哪些社交平台呢？你想成为哪个平台的活跃用户呢？

（2）使用领英或者Google+这样的软件去发现自然扩大社交网络的机会，这些人可能是专业人士（比如IT精英）、毕业校友、公司同事或者其他一些相近的团体，你可以加入他们。

（3）在你最终要见某人之前，把社交工具当成一种方式事先了解一下。你们在网上互相了解的信息，有助于你们在最终见面的时候加速彼此的熟悉。

（4）在你和自己"极其重要"的内部熟人圈建立联系时不要过度依赖社交网络，当你在事业和生活中面对重要事情和挑战的时候，你会去找关系最亲近的人，而不是一帮你基本上不了解的网友。

13. 我正要准备建立/重新建立工作上的朋友圈，该从哪里开始？

能够帮到你的几个法则：

法则3：交友要看人，而不是看职位。

发展你的交际圈时，要把眼光放长远。今天和你合作的这个刚入门的经理很有可能在5年后购买你的产品或者服务，10年或15年后可能就会成为CEO。

法则14：事情无论大小，你总可以做些事情帮助身边的人。

成为那种别人眼里总是愿意帮忙的朋友或者同事，你的交际圈就会迅速扩大。

法则23：要想成功，你需要的是一个小团体，他们相信你，信任你，忠于你，而不是上百个弱关系。

一个广泛的人际关系圈可能包括成百上千个联系人，建立这样的人际圈有很多好处。然而，永远不要忘记最终你要想获得成功，需要的是几个亲近而且值得信任的朋友。

其他行动：

（1）确定一系列你想要保持联系的社交关系，比如大学或者高中的毕业校友，以前工作的公司里的同事，专业或者功能性团队里的合作同事等。

（2）参加一些活动——选择性地，尤其是与你正在努力建立的社交圈相关的活动。一年选择两到三个，不要太过分地进行那种宽泛的社交。

（3）在你所在的公司里广泛地交友，记住10年内他们中的很多人都会去其他地方工作，而且你会希望他们成为你朋友圈里的一部分。

（4）使用社交网络平台，但是不要以为脸书上的"朋友"或者领英上的关系会代替真正的朋友，在你最终见到某人之前可以使用社交网络了解他们，这会加速你们成为朋友的过程。

（5）总要找出他人的兴趣点和目标是什么，并记下来。对于那些你真正想要保持联系的人，要随时找到一些有价值又能和他们的要事联系起来的东西（一篇文章，给他们介绍朋友圈里的一个人之类）。

（6）对你见到的每个人都要保持兴趣，记住戴尔·卡耐基的名言："关注他人的成功而不是让他人来关注你的成功，你将会取得更大成就。"

家庭生活方面

14. 怎样才能让我和配偶或伴侣重新迸发爱的火花?

能够帮到你的几个法则:

法则4:你能送给他人最珍贵的礼物就是信任。

你的配偶是发自内心地认为你信任他吗?毫不怀疑毫无保留地信任吗?我们的人生刚开始的时候,我们的父母——有时候会是其中一位——对我们有坚如磐石的信任,之后通常是配偶或者伴侣让我们保持自信,其他没有人能达到同等的程度。

法则13:要及时告诉对方他们对你有多重要,不要等待。

畅销书《爱的五种语言》作者盖瑞·查普曼指出,人们会用不同的方式表达自己的爱。有些人通过语言表达,有些人通过肢体表达,但是还有些人通过付出表达。你也许曾经通过另外一些非语言的方式向对方表达过他们对你的重要性,但有时候你需要说出口,特别是在你的另一半经常使用口头语言表达爱意的时候。

法则19:常常通过认可和赞扬表达你的关心。

你经常夸奖你的另一半吗?或者当他正在犯错时你愿意指出吗?婚姻关系方面的权威专家约翰·戈特曼博士曾经做过一系列非常全面的实验,调查什么会促使夫妻双方和谐以及哪些因素会导致离婚,他已经发现会导致分手的四个重要原因中前两项分别是表现出轻蔑和对配偶吹毛求疵（另外两个原因是彼此有隔阂和防御心理过重）。

其他行动：

（1）从提问开始，只为你们两个人安排一顿安静的晚餐，提出如下问题：

• 你的梦想是什么？允许片刻的沉默。提出这个问题但不要有任何进一步的解释，不要用其他话语把这个问题带来的氛围毁了，然后等待。

• 你认为人生中最开心的一天是什么时候?（以及，你为什么会选择那一天？）把这个问题当作一段较为持久的对话的开始。为什么他们会选择特别的那一天？还有其他开心的日子吗？对于他们而言开心意味着什么？跟愉悦和满足是一回事吗？

• 能告诉我你的计划吗？我们脑子里充满了自己的计划。当我们真正地、真诚地关注我们的合作伙伴，而不是借助对方说的话谈论自己，就会有意想不到的收获。

• 你希望每周在哪些事情上花的时间更多，哪些事情上花更少时间？这个问题可以揭示有关你的另一半喜好的许多信息，还能够重点突出对他们来说重要的事情，并向他们提供优先处理重要事情的机会。

• 目前生活中让你最有热情和最让你兴奋的事情是什么？你在激发他人热情的时候，对方会活力焕发，整个对话也更活跃。突然之间你们不只是在闲聊一些表面琐事，而是在谈论着能让彼此都激动的事情。

● 你这周在做的事情有哪些是我能帮上忙或者提供支持的？即使答案是没有什么需要帮助，你也会让对方感到支持的力量和被爱的感受。如果有什么需要你帮助的事情，不错，那就是一个好日子，你可以学学怎样帮助他人。

（2）计划一些小的习惯，可以是周日晚上关于下周工作计划的一次交谈，饭后一起阅读，或者是每周固定的一次傍晚外出。

（3）使用第十二条法则，改变交际的场所，一起去一个新的地方，走出房子。

15. 我如何才能改善和孩子的关系，促进更多交流呢？

能够帮到你的几个法则：

法则9：时刻为对方着想。

该法则帮助你拥有同理心，你也许会觉得，孩子现在正在经历的一切不过是每个孩子必经的过程或者是微不足道的（"每个人都是这样过来的"），但那些对于你的孩子而言可能是难以抵挡的。如果正在和你交谈的人不能感受到你理解他们现在的感受，他们就会把你排除在外，听不进你的话。

法则16：示弱是一种力量。

对于青少年或者年轻人来说，他们的父母身为成年人看上去可能已经拥有一切了。你可以卸下伪装或者表现出自己也是人，同样会犯错，这样能够增加一些和孩子相处的融洽和亲密感。心理学家称，分享关于你如何和孩子们相处的个人感受会有很帮助，比如，"我感到有些困惑，一方面，我想让你们变得独立，掌控自己的生活；另一方面，在某些特殊的场合，我感到需要保护你们，帮助你们做出正确的选择。"

法则21：无私的举动会搭建强大的纽带。

"强加于人"的其中一个定义就是，假设你是在为对方好的情况下试图去控制对方。你在和自己的孩子相处时，应该好好地审视自己的动机。你是否发自内心地在关注什么适合孩子？溺爱孩子很有可能也是在满足你自己，比如你自己也有被爱的需要，而不是真的对孩子好。

其他行动：

（1）用孩子的语言跟他们交流，而不是用自己的语言。孩子逐渐长大，让他们愿意花时间跟你待在一起变得越来越难。问问他们最感兴趣的事情是什么以及他们喜欢做什么想看什么，而不是把你自己的兴趣强加给他们。你也许喜欢看棒球赛或者参观博物馆，但是他们可能想跟你一起去滑冰场。

（2）不要强制交流，特别是和青少年，相反，要找机会一起放松地面对面相处。一次汽车旅行，一起去看体育比赛，或者围绕共同兴趣的一次家庭聚会，这些机会都会给你提供一个放松的环境，在此情景下你也能对孩子脑海里的想法更清楚。每次一放学就问孩子："今天过得怎样"，只会得到一个应付的回应（"挺好，为什么你总问个没完"）。

（3）保留批评意见，当人们，特别是孩子感受到了评判，就会退缩。如果你的孩子犯错了或是做出了错误的判断，不要问"为什么你要那么做"（这个问题实际上是在说"为什么你会这么愚蠢"）。相反，应该提出类似的问题，"你觉得现在应该怎么办？"或者："你从中吸取了什么教训？"

16. 我一直把重心放在了工作和家庭上，没有时间扩大交际面，我怎样才能加强和朋友的关系重塑个人关系网和友谊？

能够帮到你的几个法则：

法则10：不要因为一个尴尬的开始止步——找到能联系彼此的个人喜好，你们也许会发展成很棒的关系。

针对这个问题，该法则的后半部分更有用。跟朋友重新取得联系最简单的方法就是通过你们共同的兴趣，回想一下这个法则的背景故事中的两个人（耶鲁的校长和一个富有的慈善家）有两个共同的兴趣点，他们两位的父亲是耶鲁大学校友，都爱好棒球运动。

其他行动：

（1）找到你能为朋友做的、可以表现出你关注他们的一些小事，去拜访那些正在历经艰难时刻的朋友，给别人寄一本你喜爱的书——网购为此提供了很多便利。给朋友打打电话问问近况，不需要在计划中，也不需要谈论你自己。

（2）像对待客户一样对待自己，从现在开始。规划好跟朋友和家人相处的时间，这些时间的重要性不亚于约见客户。提前做好计划，如果你下个月的行程已满，可以邀请朋友约到两个月后。

（3）决定优先侧重，你今年最想跟谁保持联系并且愿意维持或加深你们的关系？你认为有必要花时间跟以前有过交道但是现在已经没什么意义的人在一起吗？你会仅仅是出于内疚或者责任继续跟某人见面吗？

附录

个人实践指南

一份完整的 26 条人际交往法则实践指南
打造职场和生活中牢不可破的朋友圈

安德鲁·索贝尔　杰罗德·帕纳斯

这本使用手册是随书免费附赠的，应与本书配合使用。

如果没有通读书里完整的故事——我们保证你会非常喜欢那些故事，你就无法真正把这些法则用于实际中。

本书的每一个章节都包含一条真实可信的关于人际交往的经验，你会认识到这些法则在生活中的意义，学会如何运用它们。举例说明，你将会读到：

- 花旗银行执行总裁和一家公司的CEO，在一次演变成恐怖分子暴乱的商务出差过程中变成了一辈子的朋友，以及如何使用其中包含的法则深化和拓展你的交际圈的方法。

- 一位即将陷入黑暗困境的慈善家，发现他的行为会产生不可想象的连锁反应，能够影响几代人。

- 其中一位作者如何飞过大半个地球见到一位执行总裁，在和这

位总裁的一场决定生死的5分钟会议里使用第十八条法则扭转乾
坤，建立了长久合作关系。

- 一位著名演员获得的机遇揭示了一个简单但非常重要的真相，
即第二十五条法则：在你需要朋友前先建立好关系。

这些人际交往法则非常有实效，但是你需要在实际情景下了解这
些法则，否则你无法真正理解这些内容。

人际关系评估

书中的26条法则能够帮我在工作和生活中建立非凡的朋友圈，我对这些法则掌握得如何？

正式开始使用实践指南之前，你应该接受测试。测试包括20个问题，能够帮助你明白强大人际关系的基础，并让你了解自身哪些方面需要提高。

操作指南

阅读每个问题，然后从1~5圈出一个数字，1代表"非常不适合我"，5代表"非常适合我"。如果你不知道或者不确定，可以选择位于中间值的3。

给每个问题选择好答案之后，把总分加起来，思考一下现在你哪方面比较强，哪方面需要提高。

I. 联系 **你与人交往和相处得怎么样?**	
我可以进行愉快地谈话,而不是向他人炫耀我懂得多少或者劝对方信服。	1 2 3 4 5 (1代表"非常不适合我",5代表"非常适合我")
我经常能提出深思熟虑的问题,吸引他人而且让对方参与其中。	1 2 3 4 5 (1代表"非常不适合我",5代表"非常适合我")
我注重与风趣、聪敏和有活力的人建立联系,而不是只注意对方的职位或者位置。	1 2 3 4 5 (1代表"非常不适合我",5代表"非常适合我")
我在和自己不认识或者看上去遥不可及的人联系时不会犹豫。	1 2 3 4 5 (1代表"非常不适合我",5代表"非常适合我")
我在跟与自己截然不同的人建立关系时感到轻松自在。	1 2 3 4 5 (1代表"非常不适合我",5代表"非常适合我")
我和不同领域朋友圈里的人经常会有计划地联系。	1 2 3 4 5 (1代表"非常不适合我",5代表"非常适合我")
II. 相互关联 **你会让自己和他人产生关联并让对方产生和你交往的意愿吗?**	
我已经在培养跟一个特定群体的关系并且在有计划地不断增加这段交往的价值。	1 2 3 4 5 (1代表"非常不适合我",5代表"非常适合我")
我努力了解他人优先事项的重中之重和目标,并帮助对方完成。	1 2 3 4 5 (1代表"非常不适合我",5代表"非常适合我")

II. 相互关联
你会让自己和他人产生关联并让对方产生和你交往的意愿吗?

我能够很好地理解他人而且能够为对方着想。	1　　2　　3　　4　　5 (1代表"非常不适合我",5代表"非常适合我")
我对待潜在客户就像正式客户一样,对待新认识的人就像他们已经是我的朋友。	1　　2　　3　　4　　5 (1代表"非常不适合我",5代表"非常适合我")
我会向客户或者其他领导展现我对公司的发展和利益做出的贡献,表明我会支持他们的最高目标。	1　　2　　3　　4　　5 (1代表"非常不适合我",5代表"非常适合我")

III. 产生共鸣
你会和他人产生共鸣并且创造出一种强烈的情感纽带吗?

我会一直奉行公平第一的原则,永远不会在原则问题上打折扣,也不会允许本末倒置的行为。	1　　2　　3　　4　　5 (1代表"非常不适合我",5代表"非常适合我")
当我和他人见面的时候,总是会寻找我们身上的共同点而不是找他们身上我不喜欢的特质。	1　　2　　3　　4　　5 (1代表"非常不适合我",5代表"非常适合我")
我在和他人交往时愿意在情感上示弱,比如我会谈到一些我的感受和想法,还有自身的缺陷。	1　　2　　3　　4　　5 (1代表"非常不适合我",5代表"非常适合我")
我通过经常认可并给予表扬表达对他人的关心。	1　　2　　3　　4　　5 (1代表"非常不适合我",5代表"非常适合我")
我是一个积极向上的人,我会用自己的热情促进和他人的交流,帮助别人重燃动力。	1　　2　　3　　4　　5 (1代表"非常不适合我",5代表"非常适合我")

IV. 产生影响 你能够对你的人际关系产生影响吗？	
我会通过言语和行为，向身边最亲近的人表明我真心信任他们。	1　　2　　3　　4　　5 （1代表"非常不适合我"，5代表"非常适合我"）
我通过日常的慷慨行为，腾出时间、投入关注等帮助别他人。	1　　2　　3　　4　　5 （1代表"非常不适合我"，5代表"非常适合我"）
我既会告诉对方真相同时又表现出我的关爱，这两样是平衡的。我对于对方需要什么非常诚实，同时也明白要支持他们并且积极地做出反馈。	1　　2　　3　　4　　5 （1代表"非常不适合我"，5代表"非常适合我"）
当我与他人在一起交往时，我会努力去做对他人好的事情，而不是仅仅关心自己的要紧事或者个人需要。	1　　2　　3　　4　　5 （1代表"非常不适合我"，5代表"非常适合我"）

你的总分是：_____，测试结果说明在下页。

回顾你的成绩

首先，把你的测试结果通览一遍，把每一个部分的总分相加（就是把每个部分里每个问题按照你选的1~5的分数把它们相加）。然后，用每一部分的总分减去你的得分，得出的数字就代表你的自我评估和"理想值"之间的差别。数字越小，你使用人际交往法则的熟练度越高，前提是你对自己的测试结果保持诚实！差距越大，你越是需要按照法则指导自己的行为。

	1.联系	2.相互关联	3.产生共鸣	4.产生影响	总分
a： 每部分总分	30	25	25	20	100
b： 实际得分					
差距（a-b）					

需要反思的问题：

1. 四个部分你最强的是哪一个部分？最弱的是哪个？

2. 成为你和他人联系、产生关联、在交往中产生共鸣和影响的阻碍是什么？

3. 你希望在哪方面投入努力提高？

如何评估?

90～100：精通
你是一个非常擅长和他人建立联系的人，你能指导或者帮
助身边的哪个人呢?
80～90：优秀
与人交际是你的强项，你还能做些什么让这个技能变得更
出色? 从指南中找到最适合你的练习。
70～80：熟练但是需要提高
你已经具备了基本的技巧但是仍有提升的空间，这四个部
分的哪一部分是你需要努力的? 这份指南会帮助你。
70分以下：好好学习，天天向上
重新把书里的内容读一遍，然后认真地使用指南!

注 意

在本书中，每一章都按照顺序详细讲述了交往法则，但在使用指
南部分，我们是根据四个阶段来安排这些法则：联系、相互关联、产
生共鸣、产生影响。因此虽然这里提到的法则和书中完全相同，但是
它们的顺序不同。

第一部分：联系

"我怎样才能和他人建立密切联系？"

我们生活的时代就是人与人之间的分离度几乎完全消失了，当下好像每个人只要点点鼠标就能联系上另一个人。

不过……想要真正地建立联系好像更难了，客户、同事，甚至连朋友们都有忙不完的事。联系上别人可能更容易了，但是要想真正地得到对方的注意却更难了。

这个部分的八条法则和相关练习能帮助你更加有效地联系到你想见到的人，同时和朋友圈里的联系人更加有效地来往。

帮助你和他人建立密切联系的法则

法则1：牢固的人际关系是建立在有价值的对话上，而不是一个人在向另一个人炫耀自己知道多少。

遏制你想要让对方印象深刻的冲动，提高你们谈话的质量会加强你们的关系。

你们的谈话是否能帮助你和他人：

- 表达并且提炼你的观点？

- 提高自己对一个问题或者挑战的认识？

- 更了解彼此？

- 受到触动或感到充实？

- 让谈话变得充满正能量使谈话人还想继续下去？

潜在客户需要进行有价值的谈话，而不是听一场讲座或者被问一连串的问题。别再跟他人做演讲或滔滔不绝地谆谆教诲了，要认真地倾听和回应。让你的谈话充满热情和情感，而不是只有数据和分析。问一问："您觉得怎么样？"以及："您是怎么想的？"

通过实际练习运用这条法则。

练习1-1

提高你下一次谈话的质量

思考一场即将进行的谈话，可能是和客户、上司、朋友或是家人。看看以下列表，标注一下适合这次特别谈话的策略，在右边栏写下实施的行动步骤。

谈话策略	标注你想用到的策略	行动计划（比如提出一些特别的问题或者其他能吸引对方的技巧）
1. 更加了解对方（他们的背景、价值观等）。		
2. 了解对方的要事，他们当下最重要的首要任务和目标。		
3. 问问对方想要聊什么，以便创造沟通桥梁和建立联系。		
4. 让交谈变成双方都在探讨而不是只有你在陈述自己想法或者建议的对话。		
5. 努力了解对方对于目前的事件或者问题的看法。		
6. 对方提出一个观点或者跟你分享一些新消息时要提出好的后续问题。		
7. 提炼和认可对方说的话（但不是像鹦鹉一样重复对方的观点）。		
8. 如果是一次商业上的谈话，注意使用简单适用的展示媒介（比如把关键点梗概写在一页上，而不是用长长的ppt演示文稿，使用图表而不是长篇幅文字，等等）。		

法则2：大胆提问。

名望、财富和权力可能会成为你和某个想见的人之间不可逾越的鸿沟，首先要踏出第一步，然后随着时间不断培养这段关系。

你想联系到谁呢？一个知名的企业家？你所在行业的一位有想法

的领导？一个CEO？大胆行动。列出一张清单，有很多能建立联系的
方法，也会有不少CEO会立刻回复他们的邮件，还可以尝试打电话。

不要因为被拒绝就立刻放弃，成功人士通常非常认可坚持，再试
一次你可能就会得到一个肯定的答复。

要把握好尺度，不要变成骚扰对方的行为。如果几次尝试都不起
作用，那就暂停一下！如果你要和对方联系，提出一些你了解的且对
对方很重要的内容，可以是他们出的书或是引以为豪的成就。

通过实际练习运用这条法则。

练习1-2

主动联系并提出问题

有没有一个你想联系但是距离很遥远的人，他们和你完全是不同
世界的人？正确的策略可能会帮助你很好地进行联络。阅读一下本文
的小贴士，然后完成下面的表格，从而开始使用这个方法。

我现在还不认识但是想要见到的人		
姓名	所在公司	我怎样才能联系到这个人呢？
1		
2		
3		
4		

强大人际关系小贴士

获得方法

对于你想见的人总是设法找到一个"热情的"介绍方式。

设法得到：

1. 现在或者以前客户的引荐；

2. 其他较高级别单位的引荐（比如和现在这个客户合作的律师事务所或者会计师事务所）；

3. 与你在同一公司同事的引荐，而且这个同事跟你想要合作的客户已经建立了很密切的联系；

4. 书面引荐（比如一封推荐信）；

5. 其他场合下的引荐，比如参加一个公司以外的活动或者社交活动；

6. 其他人引荐，比如认识这位客户的朋友的朋友。

假如得不到他人的引荐，尝试一下这些陌生电话拜访策略：

1. 让你所在公司的经理或者CEO设法跟重要客户开会（有职位的人比较容易打开大门）；

2. 试图在一次行业聚会或者会议上见到你想见的人；

3. 加入他们经常参与的社交圈、社会活动或者俱乐部；

4. 基于一个研究项目或者市场调查对客户进行采访；

5. 从一个不同寻常或者激发兴趣的角度开始，比如，你能买到他们乘坐的飞机座位旁边的座位，或者写一封里面包含深思熟虑过的相互佐证观点的信件，这封信要足够吸引对方；

6. 主动跟他们分享一些真正有趣的研究；

7. 为这位经理的事业提一个独到的发展机会建议，或者给他们介绍一位潜在客户；

8. 选择一个他们会亲自接电话的时间，打电话给他们，但要切记开场白一定要吸引人而且足够吊起对方胃口！

法则3：交友要看人，而不是看职位。

很多职场人士问我："我怎么才能多交往一些CEO还有公司董事们呢？"最好的答案就是法则3：交友要看人，而不是看职位。和机智聪明、充满活力、风趣幽默而且斗志昂扬的人成为朋友，即使他们现在的职位并不高。

真正位高权重的人——任何领域里处于顶尖职位的人，身边都常年带着顾问，想要进入成功人士的朋友圈几乎是不可能的，绝非易事。

无论你是20岁还是50岁，都需要认识各个领域里有趣的人。跟随他们，保持联系，多年来一直培养和他们的感情，你会得到丰厚的回报。他们不仅仅会对你的事业有帮助，而且更重要的是，你也会为他们的成功带来功不可没的影响。

第一步就是列出一张清单，写上你认识的但是还没有取得巨大成功或者尚未处于顶尖职位的人，挑出那些热情、积极、有天赋的人。你知道他们的要事是什么吗？你怎样帮助他们实现目标？

通过实际练习运用这条法则。

练习1-3

交友要看人，而不是看职位

我希望保持联系的人	
姓名	我怎样做能够帮助他们？
1	
2	
3	
4	
5	
6	
7	
8	

法则6：通过结交与自己完全不同的人提高自我。

研究表明，我们的生物本能就是选择那些和我们相似的人一起工作，但凝聚了不同背景和性格的人的团队才是最有创造力的团队，解决问题的速度最快而且做事风格灵活。

寻找那些和自己有很大不同的人，跟他们建立联系。这些不同包括观点有很大分歧，习惯不同，性格不同，这样的分歧会产生一种良性的紧张感，最后会迸发出不同的想法。

跟与自己相似的人成为朋友更容易，你们很快能就多数问题达成一致。我们会倾向于这样的关系，但是这样也会出问题，一定的压力和紧张感是很重要的。

史蒂芬·乔布斯和史蒂夫·沃兹尼亚克就是这样一对互相不同却又默契的搭档，约翰·列侬和保罗·麦克卡特尼①也是这样的搭档。谁是你的史蒂夫·沃兹尼亚克？谁又是你的保罗·麦克卡特尼？

如果你想提高自己，现在就开始学着忍受分歧，你会得到非常丰厚的回报。

通过实际练习运用这条法则。

练习1-4

分歧的力量

想一想那些一开始和你处不来的人，但是现在你们的关系不错。发生了什么？你从中学到了什么？把这些信息填在下面的表格里：

对方的姓名：＿＿＿＿＿＿＿＿＿＿＿＿＿＿＿＿＿＿

第一次见面时，对方哪一点是我喜欢或者不喜欢的：

1.＿＿＿＿＿＿＿＿＿＿＿＿＿＿＿＿＿＿＿＿＿＿＿＿

2.＿＿＿＿＿＿＿＿＿＿＿＿＿＿＿＿＿＿＿＿＿＿＿＿

3.＿＿＿＿＿＿＿＿＿＿＿＿＿＿＿＿＿＿＿＿＿＿＿＿

————————

① 披头士乐队的成员。——译者注

后来我欣赏他们哪一点：

1. _____

2. _____

3. _____

法则11：获得对方信任首先要信任对方。

我们生活在一个信任度低的世界。第二次世界大战以来，我们对商业、政府和他人几乎各方面的信任度都在降低，在许多情况下，这种信任度下降是无缘无故发生的，而且还出现了一种恶性循环：如果你不给予他人信任，对方也不会信任你。因此第十一条法则很重要，你必须给予信任以换取信任。有一个必然的法则，就是人们会成为你相信或期待他们成为的样子。

如果你认为客户总是在试着压价或者剥削你，那么你的行为就会反映或者强化这种不信任感，这样你在业务过程中，就会很吝啬分享想法和价值观，还会不自觉地对客户生硬冷漠，你缺乏信任的态度就会使得建立健康的关系几乎不可能。

这条法则同样适用于朋友和爱人，如果你不愿意相信他们，他们也不会信任你，更糟的是，缺乏信任会让他们失去自信，不信任会产生恶性循环。

通过实际练习运用这条法则。

练习1-5

在重要的人际关系中促进信任

对方的姓名：_____

促进信任的策略	接下来的具体步骤
1. 通过这个人信任的人得到一次热情的介绍或者引荐。	
2. 花时间整合那些能够吸引或者引起他们兴趣的有价值的见解或者观点。	
3. 做深入的准备：比如研究你要合作的公司、要见面的经理或者对方的行业趋势等。	
4. 主动提出参与：比如研究一个议题，进行测试分析等。	
5. 寻找更多见面的时间，创造更能面对面商谈的机会。	
6. 取得并利用第三方的认可，包括证明信、推荐信、公开出版物等。	
7. 明确地谈论你与人交往的重点和长期方向。	
8. 合适的话，学会说"不"（比如对一些符合对方兴趣但是不符合你兴趣的事情）。	
9. 让对方和已经信任你的人见面或交谈。	
10. 和对方交谈的时候要坦率、真诚，实话实说，让对方感到"你面前的就是真实的我"。	

强大人际关系小贴士

建立信任

建立信任的行为和策略

1. 表现能力最好的方法不是通过自夸或者展示自己骄人的"成绩单",而是应该为你们所有的谈话增加价值。

2. 始终坚持正直。正直会通过很多事情表现出来,你是否给出了直接的答案?你是否公开诚实?你言行一致吗?

3. 表明你的意图是要建立一次长期的合作关系而不只是为了一次短暂的销售。

4. 建立信任的一种方式可以是表明你的想法是可靠的。

5. 面见新客户最可靠的程序就是由潜在客户信任的人进行介绍或者引荐。

6. 良好的个人或公司品牌会起很大作用,因为品牌最重要的功能之一就是给潜在消费者注入信任感。

7. 尽可能多地找到途径获取第三方评价。

8. 为会面做充分的准备可以帮助你建立信任。

9. 践行完全公开和透明。

10. 做一些明显符合客户兴趣而不是你个人兴趣的事。

"信任终结者"：减少或者破坏信任的行为

1. 不够谨慎。

2. 缺乏沟通。

3. 没有对每个人表现出同样的尊重。

4. 批评他人。

5. 夸张或者撒谎。

6. 泄密或者把客户的信息告诉其他人。

法则18：引起对方的好奇心。

当我发现自己飞过大半个地球，却只有5分钟劝服一个心怀疑虑的CEO应该雇佣我，第十八条法则成了我最好的朋友。

当他人有了好奇心，他们就会向你靠近，还会想要了解更多，他们想进一步行动。当你引起了对方的好奇心，就拥有了地心引力一般不可抗拒的吸引力。好奇心帮你得到更多：更多关注，更多业务，更多客户，更多邂逅机会（如果你还是单身的话），为你的部门争取更多资源预留协议（RSVP），给公司带来更多合作，以及更多朋友。

因此你要告诉他人他们需要知道的事情，而不是每件你知道的事情。回答问题要简练，有时可以暗示，当客户让你简要介绍公司的时候回答不要超过10分钟。

提出意见相反或视角独特的观点，成为有创新观点的人。

说出让人意想不到、可以让他人惊喜的内容。

提出有启发性的问题，当别人都在告诉客户该做什么的时候，你应该问问客户他们为什么想这么做。

通过实际练习运用这条法则。

练习1-6

引起好奇心

你是不是在试图联系或者和某人成为朋友？你需要引起对方的好奇心。什么样的信息或者谁来引荐能够引起对方的兴趣或者注意？

对方的姓名：_____

可能引起对方注意或者兴趣的策略是什么？什么能吸引他们的好
奇心？

1._____

2._____

3._____

法则25：在你需要朋友前先建立好关系。

你在向他人要求某东西之前要先投入，要花时间培养一段关系，
就像你照顾花园一样。不要像一个白吃白喝的人那样，把你的朋友圈
当成随时可以取用的零钱罐。

（另外，这条法则有一个例外，就是你和你想联系的人距离太过遥
远。假如你没有办法事先和对方培养一段关系，第二条法则就派上用
场了——大胆提问。）

两千年前，罗马帝国每征服一个国家所做的第一件事就是修建完
美设计的道路网，那些道路修建得非常好，有的至今仍然可以使用。
罗马人之所以这样做，是提前为未来的军事和商业交通做准备。同样地，
你也必须建立自己的人际关系网——你的路，提前为你未来的事业和
个人需要做好准备。

通过实际练习运用这条法则。

辨别并关注身边最重要的人际关系

你不可能跟职场上认识的每一个人都建立深厚、互相信任的关系，你必须关注那些对你而言可能是最重要的人，那些你可以影响或者改变的人也需要你的关注，15~25个人是一个可以控制的数量。这个练习的目的就是需要你根据6个重要标准把这些重要的联系人进行分类。

1. 客户 很多联系人的名字都会出现在这一类，但是你也需要其他人际关系。

2. 潜在客户 你以前可能从未和这些联系人一起共事过，以往的客户、潜在的客户，或是现在客户身边新任的经理。

3. 同事 如果你在公司上班，跟同事建立牢不可破的关系对于在客户那里取得成功至关重要。

4. 引荐人 引荐人就是那些可以让"好事成真"的人，他们会把你介绍给其他人，他们通常不会参与交易或者项目。引荐人的范围很广，可以是退休的CEO、以前的客户、私募融资人或者风险投资者。

5. 合作者 合作者往往是其他公司或者工作人员，他们会完善你的服务或者可能成为帮助你的机会源头。

6. 顾问 这些人是教导我们并启发我们的人，特别是在我们陷入困境的时候，他们会为我们提供有价值的建议和观点。

7. 捐赠者 如果你在非营利机构工作，这些人（或者机构）会帮助你筹集资金。

说 明

下面两个表格需要你来填写，表格的左栏是未来6个月内你想要重点关注的15~20个至关重要的人际关系。写下你想联系的公司（能够合作的客户公司）和个人的名字，如果可能的话，列出一项你能帮上忙的他们的重要需求或事件。

我跟重要联系人保持联系的计划			
A. 组织	B. 个人	C. 你能帮忙的需求或者事件	D. 和这个联系人下一步联系的计划
现在的客户			
1.			
2.			
3.			
4.			
潜在客户			
1.			
2.			
同事			
1.			
2.			

我跟重要联系人保持联系的计划			
A. 组织	B. 个人	C. 你能帮忙的需求或者事件	D. 和这个联系人下一步联系的计划
引荐人			
1.			
2.			
3.			
合作者			
1.			
2.			
3.			
顾问			
1.			
2.			
捐赠者			
1.			
2.			

法则20：知道好问题比知道问题的答案更重要。

1988年诺贝尔文学奖得主纳吉布·马哈富兹是这样描述的："人们可以通过一个人的回答判断他是否聪明，但要判断一个人是否有智慧要看他提出的问题。"答案很重要，但是如果你想通过进行有意义的对话来建立强大的人际关系，就需要有技巧地提出引发思考的问题。

考虑一下这样提问：

1. 投入情感，而不仅仅是理性分析（"现在最让你感到兴奋的是什么"）。

2. 引出对方的观点（"你怎么看"）。

3. 让对方也参与问题的解决方案中（"你现在在考虑哪些方案？你觉得对你来说最好的决策是什么"）。

4. 让谈话聚焦在现在讨论的事情上（"你想谈点什么？我们现在应该谈论的最重要的事情是什么"）。

5. 了解对方的要事和优先要解决的事情（"你今年要接受考核的最重要的事情是什么"）。

6. 了解他人最高层次的目标和理想是什么（"你为什么想要这么做？"）。

7. 挑战（"你认为这就够了吗？10%足够高了吗"）。

8. 建立你自己的信用（"你的许多客户现在都在纠结两个重大问题……你对此的态度是"）。

9. 了解一下对方是谁以及他们是如何取得今天的成就的（"你是怎么起步的"）。

通过实际练习运用这条法则。

练习1-8

提出更好的问题：强劲问题矩阵

思考一下指导你提问的两个模式。首先，你关注目标和策略——远景，还是关注执行和实施？这是第一个区别。

其次，你属于理性的人还是感性的人？

你把这两个模式结合一下便能得到一个象限：

强劲问题矩阵

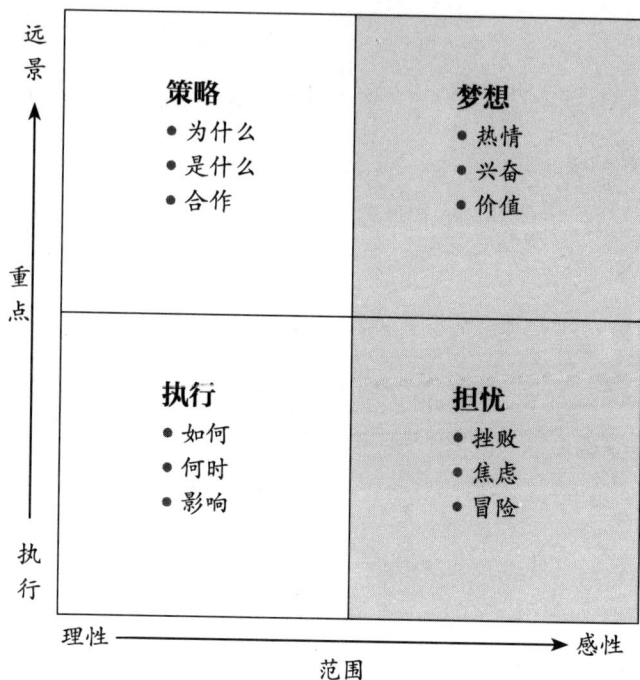

下一步你要做的就是在每个部分里都提出一些问题。

选择一个你想和对方发展深厚友谊的人，可以是一个客户或者其他专业人员，也可以是朋友或家人。

思考几分钟，每个象限中至少写下一个你想向某个人提出的问题。

策略（比如"你为什么会决定坚持这个项目呢"或者"什么样的职业选择让你感兴趣"）：

_____

执行（比如"这会对你的客户服务产生怎样的影响"或者"你准备如何做到那点"）：

_____

梦想（比如："展望一下未来几年你的工作，最让你个人感到兴奋的是什么"或者"现在你做的哪些事情最让你感到兴奋"）：

_____

担忧（比如"看到项目执行时间表，最让你感到紧张的是哪一点"或者"这个想法最让你担忧的是哪一点"）：

_____

第二部分：相互关联

"我怎样才能让对方有兴趣想见到我，然后建立一段关系呢？"

第一次见面的机会很难争取，你想见的人可能是潜在客户或者是你们已经在合作的企业的董事长。

猜一猜接下来会怎样？得到第二次见面机会更难！

要想与对方相互关联然后建立一段长久的关系，你必须给对方的兴趣、需要和目标增加价值。

这一部分的五条法则和实践练习将教会你如何了解和明白对方，并且向对方表示你们确实需要发展一段关系。

帮助你们相互关联的法则

法则5：了解他人的要事并帮助他们解决。

你有没有遇到过一个貌似心不在焉的客户？也许你注意到他们的眼睛一直在游移，或者看见他们拿起了手机。或者你有没有尝试去约一下永远没时间见你的董事长？

这两个案例中的问题是一样的：你没有想到或者表现出自己和对方最要紧的头等大事有什么关联！解决对方的要事是你建立一段强大人际关系的起点，简言之就是帮助某人实现目标，但是方法要广泛得多。

仔细思考：每个职场人士都会有张日程表，列着3~5个目前正在关注的首要处理的工作任务，他们还会有张个人日程表，两张表都是需要你了解的。

无论你是在跟客户、同事、上司还是朋友聊天，你的首要工作就是明白对方的要紧事。你知道现在什么对于他们来说很重要——真正重要吗？只有你明白了这一点，才能明确知道如何帮助他们并给这段关系增加价值。

通过实际练习运用这条法则。

练习2-1

了解他人的要事

想象一场你即将和一个客户、上司或者重要人士进行的会议，思考一下怎么才能给这次会议定下"要事设定"的基调。比如，你怎么把谈话的主要内容从回顾项目执行或你已经完成的重要任务提高一个层次？怎么才能给会谈增加一些新的想法或观点？你如何利用这个机会讲清楚客户不断更新的首要任务和需求，然后把自己的工作和那些需求联系起来？关于"要事的设定"，你需要设置什么样的问题在会见时提出来？在下面的表格里填上你的想法和行动步骤：

对方的姓名 :	会见日期 :

我可以采取哪些行动将要事的设定引入会见，让交谈的主题紧紧围绕客户的主要目标并/或提出新想法和观点。

问问自己：

- 我怎么能让这次谈论从回顾项目执行或我的重要任务这样的主题升华一下？
- 我怎么才能在会议中提出新的想法和观点？
- 我怎样利用这个机会把我们的工作和客户的要事或需求联系起来并/或帮助他们提炼？
- 我可以提出哪些引发思考的问题？

行动一 :
行动二 :
行动三 :
行动四 :

强大人际关系小贴士

要事的设定

1. **了解对方的日程表** 努力记住对方的工作和生活日程表（每一项都包含3~5个主要的任务或目标）。

2. **向对方要求一次时间较长的谈话** 无论是和客户还是投资人见面，遵循如下关键问题："我的确想更多了解您的规划和要事。"基本不会有人拒绝你。

3. **启发对方** 每次会议都提出一个深刻的观点，分享有趣的市场信息或者总结一些最好用的重要策略。

4. **定期进行专注于要事设定的讨论** 找机会从日常工作琐事上跳出来想想前方，比如做一个年度人际交往总结，或者每个季度进行一次谈话，讨论一下策略、目标、不断更新的首要事项，等等。

5. **提出引发思考的问题** 比如：

- 您和您的工作部门年底要接受怎样的考核？
- 您作为领导需要完成的主要目标是什么？
- 想要维持或者扩展您的事业，您还需要其他什么技能？
- 您在自己所有的新方案中参与最多的是哪一个？
- 您今年做的哪一项工作是最让自己感到兴奋的？

6. **提出支持性的观点** 进一步了解客户、投资人、竞争对手、支持者等等，了解他们对你的客户的业务的需求和想法，然后把这些信息告诉你的客户。

7. **勇于尝试**　选择一个客户感兴趣的观点，然后就这一观点与客户进行合作。

8. **用调查和市场调研引发讨论**　并不是真的要使用调查的结果，而是要使用调查中对客户的公司有实际意义的部分。

法则9：时刻为对方着想。

人们很容易陷入自己的世界，对于他人此时的经历或者感受视而不见。如果我们只考虑自己的感受，就是在冒险成为孤家寡人，就是在疏远他人而不是吸引他们。

思考一下他人正在经受的压力，想想他们现在的感受，通过想象代入对方的角色，理解对方。什么样的情况可能正在影响他们的感受？他们是不是刚刚受到老板的指责？他们是不是觉得事业止步不前？他们是不是家里有一个叛逆的孩子？

如果你能站在对方的角度考虑问题，油然而生的同感和理解会让你变得更有参与感、值得信赖，而且愿意看到对方成功。

正如著名的西部乡村创作歌手乔·塞斯所写："站在我的角度行走一英里／在你指责、批评和谩骂之前／站在我的角度考虑。"

通过实际练习运用这条法则。

练习2-2

站在对方的角度考虑

想想你下周或者接下来要会见或约谈的人，回答下面表格左栏里的问题，从而试着站在对方的角度考虑，答案写在右栏空格里。

帮助你站在对方角度考虑的问题	
1. 对方的工作或生活里面对的重大事件、压力或者影响是什么？	
2. 他们现在在想什么？	
3. 他们现在的感受是什么？他们会有什么样的情绪？	
4. 你在跟他们谈话时他们心情如何？	
5. 对方怎样才能接受你的想法或提议？	
6. 你怎么表现出对他们的境况表示理解？	
7. 你能对他们提出的最重要的问题是什么？	

强大人际关系小贴士

理解对方

1. 从一个较高层面上开始交谈："再多告诉我一些关于那件事的信息吧。"

2. 提出明确清晰的问题以便得到更多细节："您所说的陷入困境是什么意思？"或者："团队里其他人也是同样的感受吗？""您现在看到什么征兆了？"

3. 给对方投入情感，而不只是事实："当前项目没有什么进展，你们的人感觉如何？"或者是："当您和约翰的团队面对这个问题时，他们的感受如何？"

4. 认真对待每一句话：不要表现得漠不关心（比如说"感觉事情没什么进展很正常"或"没什么了不起的，我们都得忍着……"）。

5. 总结和肯定："感觉现在出现了两个完全不同的问题……"或者"似乎您现在困在了一种艰难处境之中。您想让约翰带头，却面临着不能自由控制的压力"。

6. 全身心倾听：摒弃杂念，看着对方，使用鼓励性的身体语言，让对方感受到此时此刻自己就是你的全部。

7. 问问对方考虑了什么解决办法和行动：其实他们考虑的东西比现在他们进行的内容多。

8. 理解："我也曾经遇到相似的情景，当时也觉得非常沮丧……"

9. 分享经历："我的另一个客户也遇到了相似的困难，和这个项目的情况类似，他是这样处理的……"

10. 提供帮助：问问现在有没有你能帮上忙的地方，然后试图对你的客户建议一些其他有用的资源。

法则15：像真正的客户一样对待潜在客户，他们就很有可能会真的成为你的客户。

在本书中，我们讲过玛丽·埃伦的故事，她是四大会计师事务所最成功的合伙人之一，是一个呼风唤雨的人物。在与一个可能成为客户的CEO正式合作之前，玛丽几乎花了5年时间和他建立关系。5年间玛丽不断使用各种方法为这段关系增加价值，但是从未要求过他放弃当前合作的公司，选择玛丽所在的公司，后来这个客户成为了玛丽所在公司的主要客户。

这个故事说明了一个强有力的建立人际关系的策略：对于未来要建成的关系要表现出好像这段关系已经形成了。玛丽对待潜在客户就像是这个人已经成为了重要客户，最后也成为了事实。

推销是一种不太受人欢迎的方式，因此最好的销售人员都把潜在客户当成真正的客户对待，他们花时间了解潜在客户的事业，并提出可实施的新想法和有价值的市场信息。

想和朋友或家人建立良好的关系？假装你们已经拥有融洽的关系，而且这也是你所渴望的。你会变得慷慨、和蔼且有耐心，很可能对方也会顺势变得如此。

通过实际练习运用这条法则。

练习2-3

像对待真正的客户一样对待潜在客户

写下你想争取的一个重要潜在客户的名字。在你认为恰当的策略旁边画上对勾，在右边一栏里填上你认为可以采取的行动步骤。

对方的姓名:_____

策　略	行动计划
1. 定期会面，培养信任和友好关系。	
2. 为他们如何拓展事业提出有价值的想法。	
3. 告诉对方其他客户是怎么处理相似情况的。	
4. 为这位客户提供有关其竞争对手的有价值的市场情况和信息。	
5. 把你朋友圈里的相关人物介绍这位客户。	
6. 邀请他们参加你的公司举办的活动。	
7. 安排这位客户去见另一位曾经面临相似困境并用相似解决办法的客户。	
8. 邀请客户在会议或专题研讨会上发言。	
9. 其他:	

法则22：成为客户成长和盈利的一部分，他们就会对你有源源不断的需求。

试想，假如是你的水暖工给你打电话，提议你们一起共进午餐探讨一下最新的接头焊接技术，你可能会婉拒。尽管你很喜欢这个水暖工，但如果另外一个更有名的水暖工做一样的工作但是要价更低，你很有可能就会摇摆不定选择后者。

但假如是你的医生打来电话呢？"我已经拿到化验结果，你抽空过来一趟，这样我们可以一起讨论一下。"我想你的回答会是："你最快什么时候能见我？"

这样你理解了，这条法则的反面就是假如客户认为你是可以节省的开支，就会随时切断和你的来往。尤其是当客户面临困境和经济压力的时候，他们会专注于切断不必要的开支，但是他们不会切断可以帮助他们营利或赚钱的投资，你应该成为这笔投资。

当你和客户一起合作时，你需要明确表明你的工作有利于他们的成长、营利和创新。客户可以很容易换掉一个雇佣来的专家，就像退换商品一样，可能会换一个月薪更低的客户。但成为客户最重要项目的支持者，就不会轻易被换掉，因为换人的代价就是牺牲更大的利益。

这条法则不仅仅适用于客户关系，比如，如果你的上司将你视为实现年度最重要目标的得力帮手，你就会变得不可或缺。

通过实际练习运用这条法则。

练习2-4

成为客户业务拓展和盈利的一部分

对方的姓名：_____

步骤1：

客户较高层次的目标是什么？

1._____

2._____

3._____

4._____

步骤2：

你如何将自己的工作和那些目标联系起来？

（小贴士在下一页上）

1._____

2._____

3._____

4._____

强大人际关系小贴士

如何成为客户业务拓展和盈利的一部分

1. 确保你真正了解客户要事和目标的日程表，他们今年要完成什么？他们最高层次的目标是什么？

2. 同样要了解客户的个人日程表，在个人层面上，对于他们来说"扩展和营利"意味着什么呢？

3. 提出一些"为什么"，了解客户目标的动机或项目背后有什么商业动机，提出有关报酬的问题，从而量化价值和影响。

4. 把你的提议的重点放在客户需要完成的事情上，并就如何帮助客户拓展业务、创新和营利规划你的工作。

5. 在客户发展的每个阶段都与客户讨论你的价值，在整个业务过程中，要强调影响而不是方法，其中一部分是你在价值和影响方面的提议。

6. 把自己定义为从事一项帮助客户改善境况的事业，而不仅仅是在做一个项目或者执行一个命令。

7. 定期回顾客户的首要任务，确保你跟任务目标保持一致，而且每次都能够在任务框架之下谈论你的工作。

　　法则23：要想成功，你需要的是一个小团体，他们相信你，信任你，忠于你，而不是上百个弱关系。

　　耶稣和12个门徒的故事对于现在这个时代有很大的借鉴意义，当今我们都很关注通过社交网络找到成百上千个朋友和粉丝。然而耶稣基督只和12个门徒一起，就完成了一场全球性的运动，他没有上万个同坐一条船的同行者，几乎所有的门徒都因为不肯放弃追随耶稣的信仰而惨死。他们为什么会这样做？因为耶稣愿意为了门徒牺牲自己。耶稣对其追随者的忠诚是牢固而不可撼动的，追随者们深知这一点。

　　问问自己：谁会不遗余力地赞扬你并把你推荐到自己的朋友圈里呢？谁会放下手头的工作在你需要的时候帮助你呢？谁会告诉他人你是他知道的最值得信任最有天赋的人呢？为了实现这些，你需要一些强大的人际关系。

　　有没有一群人会力挺你？或许，更重要的是你是否愿意和他们站在一条战线上？你有没有给予他们毫不动摇的忠诚？确保你身边有忠实的朋友，而不只是熟人。

　　通过实际练习运用这条法则。

练习2-5

谁会力挺你，或是相反？

1. 你的特质

　　想想你希望他人了解的你的一些个人特质，你是一个充满能量的人？一个很不错的倾听者？危机中能够保持冷静的人？这些都是吸引他人的特质。从某种层面来讲，这些是你的个人品牌。把它们列在下面：

（1）_____

（2）_____

（3）_____

（4）_____

（5）_____

2. 绝对支持你的人

　　其次，列出你事业中的6个关键人物（客户、同事、导师等），以及个人生活中的5个关键人物（朋友、家人等），谁是或者可能是绝对支持你的人。

事业上的支持者　　　　　　　生活中的支持者

（1）_____　　（1）_____

（2）_____　　（2）_____

（3）_____　　（3）_____

（4）_____　　（4）_____

（5）_____　　（5）_____

第三部分：产生共鸣

"我怎样才能和他人产生共鸣，建立深厚的情感纽带？"

首先，你们要联系。你向对方表明你们有关联，你会以某种形式给对方增加价值。接下来，你需要突破熟人的关系界限，创造人际交往之间的信任和支持，你必须从职业或者知识的层面跟对方产生情感共鸣。

这个部分的八条法则和实践练习，会帮助你跟想见的人以及交往圈里现存的联系人更有效地联系。

帮助你产生共鸣的法则

法则8：正直重于一切！

正直和"整数"这个词相关。如果你是正直的，无论面对诱惑还是困境，都会坚定地坚持绝不动摇的信仰和原则。你的所有人际交往关系中，正直意味着诚实、坚定和可靠。

失信和善变百害而无一利，如果你不信任对方或依赖对方，那么你们不会拥有健康的关系。如果你不相信发信人，就不会相信发信的内容。

圣奥古斯丁在第5世纪时写了一部著名的作品——《论说谎》，他解释道："如果真理遭到破坏或哪怕是一丁点儿的破坏，剩下所有的事情都会变得值得怀疑。"

每次你拒绝折损你的正直品格，它都会变得更强大更稳固。正直需要花费数年培养，但是你要记得，它也可能会毁于一旦。

通过实际练习运用这条法则。

练习3-1

增强你的正直品格

1. 你过去是否曾经动摇过你的正直品格？

　　我们不愿意这样思考，但是我们所有人可能都做过动摇正义感或削弱它的事情。你呢？列出一些过去你做过的没有达到你有关正直的最高标准的事情。

（1）_____

（2）_____

（3）_____

2. 你在哪些方面可以增强自己的正直品格？

　　下面这个列表是一些能够增强你的正直品格的行为，标出你认为需要密切注意或改进的行为。

☐ 讲实话

☐ 坚持到底

☐ 言行一致

☐ 谨慎而且保密

☐ 崇尚不变的原则和价值

☐ 无论承诺或约定多么微不足道都会说到做到

☐ 言出必行

☐ 不会因为别人犯了一些正直方面的小错就一走了之

强大人际关系小贴士

需要避免的行为

1. 认为目标是最重要的，必须不惜一切完成目标。

2. 采取一些无足轻重看上去没有坏处的捷径（正直品格上小的失误会很容易造成更大的灾难性失误）。

3. 相信你在正直方面的失误可以用真诚作为借口（记住："所有糟糕的诗歌都是真诚的"）。

4. 给他人制定的标准比自己的高。

5. 想着"我就做一次……"或者"别人也是这么做的，肯定不是坏事"。

6. 认为做坏事没关系因为你很重要、很忙或者压力重重。

7. 为了在市场环境中立于不败之地就违反道德底线。

8. 给正直加上修饰语（"合理范围内的正直"），有些事不算对也不算错。

9. 当触犯了道德底线甚至是法律底线时，想着"这不会伤害任何人，所以无所谓"，或者说，"别人永远不会知道，所以没关系。"

法则10：不要因为一个尴尬的开始止步——找到能联系彼此的个人喜好，你们也许会发展成很棒的关系。

有时候两个人见面会是一种很艰难而且压力重重的体验，十分尴尬，但是如果两人找到了共同的爱好，就会形成一种默契。

你听说过一对结婚10多年的幸福夫妻，他们一开始见面的时候其实很不顺利甚至还针锋相对吗？

不要因为一开始和某人见面不顺利就觉得沮丧，尴尬的开始也会成就美好的关系。找到能把你们拉近的朋友关系，你们总会找到一些共同点。

我会用一个练习来说明寻找共同点是既简单又有力量的。我们会在一个研讨会上把人们分成两人一组，他们要在两分钟内尽可能发现双方的共同点，人们通常能找到15~20处！

你可能对第一印象深信不疑，但是先不要做出评价，如果你和某人第一次见面时很尴尬，首先问问自己喜欢对方什么，你们可能会有什么共同点。

通过实际练习运用这条法则。

练习3-2

由尴尬的开始引发的思考

1. 他人哪些特点是你最不喜欢的？

　　列出他人身上你最不喜欢至少是让你感到困扰的三个特点或性格特征。

（1）_____

（2）_____

（3）_____

2. 你身上的哪些特点是他人可能最不喜欢的？

　　列出自己身上的三个特质，别人可能因为这些特质不喜欢你或者在第一次遇见你时有一些负面的反应。

（1）_____

（2）_____

（3）_____

3. 你有没有不打不相识的朋友？

　　你能想出一个朋友或者关系很好的人，第一次见面时你们却很尴尬或者你根本不喜欢对方。列出他们的名字：

（1）_____

法则16：示弱是一种力量。

　　当代心理学家研究发现，在情感上示弱会增加两人的亲密度。无论男女，这个想法可能会让人觉得有些不安，但情感上示弱不是向他人表明你低人一等，其真正的意思是分享情感并与他人产生情感上的共鸣，是不加修饰真诚待人并敞开心扉。承认自己有弱点可以是情感共鸣的一部分，但不是核心。

以下是科学依据。一项研究请一组人在对待他人的时候要明显提高自己的真诚度，不能说任何谎言。经过10周坦诚相待后，这组人与另外一组完全没有约束的控制组做对比。

研究组每周都比控制组少说3个谎话，他们在健康和情感上都获得了很大益处，他们开始认为自己是更加诚实的人。更重要的是，研究人员汇报说："这几周参与者讲的谎话变少了，他们说自己亲近的人际关系得到了改善，总体的社交进行得更为顺畅了。"

人们渴望人际关系在情感上更加亲密和真诚，因此不要害怕触及内心的话题、情感和感受。

通过实际练习运用这条法则。

练习3-3

情感上示弱可以加深感情

对方的名字： _____

引起情感共鸣的方法	可能的行动？
1. 怀有同理心，不要评判或试图影响。	
2. 承认你做过错事。	
3. 请求帮助。	
4. 谈谈自己的真实感受，而不仅仅是你个人对某事的评价。	

引起情感共鸣的方法	可能的行动?
5. 告诉对方你现在面对的两难选择或个人问题。	
6. 幽默一把，尤其是用自嘲的幽默或者让局面顿时开朗起来的幽默。	
7. 承认对方的付出。	
8. 提出进一步了解对方的话题，比如对方的成长和家庭、个人追求、遇到的挑战，等等。	
9. 其他：	

法则19：常常通过认可和赞扬表达你的关心。

向他人表示关心的一个非常强大的方法就是与对方产生共鸣，作家约翰·麦克斯韦尔在销售领域有一句经典的话："人们不在意你知道什么，除非人们知道你有多在意他们。"

如果你没有发自内心的关心，一句"最近怎么样"就会显得格外空洞，这句话就像是在客户服务培训里训练用的语句。

本书里讲到的玫琳凯化妆品公司创始人玫琳凯女士的故事，她一手打造了上百万美元资产的国际化公司。在谈到自己的销售代表时她告诉我们："人的一生中最想得到两样东西，甚至比对爱情和金钱还要渴望，那就是认可和赞扬，我们正是毫不吝啬地给予员工这两样。"

你是那种等着别人出错抓小辫子的人，还是会在别人做对某事的时候进行赞扬的人？

通过实际练习运用这条法则。

认可和赞扬

1. 你的过去

（1）你还能回忆起你因为受到认可和赞扬而受到特别触动和鼓舞的某个事件吗？有什么影响？请写在下面。

_____

（2）你还能回忆起因为受到批评和责备而感到特别受伤的某个事件吗？有什么影响？请写在下面。

_____

2. 你认可和赞扬的人。

想想你要在未来两周见的熟人，列出他们的名字，写下见到他们时你要认可他们或赞扬他们的事情。记住：真诚，而且要对真实发生过的事情有具体的赞扬，不要虚伪的恭维（比如"每个人都是冠军"）。

姓　名	认可或赞扬的事情

强大人际关系小贴士

有效的认可和赞扬

1. 及时赞扬。发生的事情和赞扬间隔的时间越长，带来的影响力越弱。

2. 发现别人做的正确的事情。我们经常会挑错，但要试着观察他人积极良好的行为。

3. 赞扬正确的事情。不要在一个孩子跑步比赛得了第18名时还表扬他们是冠军，首先要表扬他们有勇气参加比赛，而且坚持到了最后。没有在正确的方向上表扬或者过度赞扬都会导致你的认可效果减弱。

4. 具体有针对性。不要只会说"干得漂亮"，要准确地表扬这个人的具体行为。

5. 要亲自赞扬。一张手写的字条远比一封电子邮件更有力量，比起间接传达的表扬，比如说上司的上司对你的表现很满意，面对面的赞扬更容易让人铭记。

6. 不要把批评和赞扬搞混。如果你表扬了某人，紧接着就提出希望对方改进的意见，就会完全抹杀刚刚认可的效力！

7. 真诚相待。不要总是用相同的套路赞扬对方，人们最终会给你说的话打折扣。

8. 不要过高估计物质回报的作用。钱很重要，但在很多场合中钱不是主要的动力。仅举两例来说明，金钱刺激对团队合作和激发创造力的作用微乎其微，人们有时候做事情是出于金钱以外的其他重要原因。

法则24：用热情感染身边的人。

你如何对待失去生活热情的人？如何对待那些似乎对生活中的一切都感到厌倦的人？他们似乎从来没有展现过生活的激情，更甚的是他们总是在抱怨？就像是史努比的朋友露西那样。

你很有可能发现身边这样的人会消耗你的能量，而不会提升你，如果你晚上有空，这种类型的人可能不是一起出去玩的第一选择。

如果是那些精力充沛又对所做的事情充满热情的人呢？说到点子上了。

你的热情会影响身边的每个人，会吸引别人到你身边，和你建立联系。你释放的热情越多，这种能量传播得越广，给你的回报也更丰厚，热情是会传染的。

强大的热情会变成你的本能，激励你投入，鼓励你周围的人行动起来，让你成为一个具有强大影响力的人。

通过实际练习运用这条法则。

实际操作3-5

培养你的热情

1. 感激

一项调查显示，让经历抑郁的患者每天用日记写下让他们感恩的事情，这个举动和每天服用抗抑郁的药物一样有效。你今天对什么事情充满感激？

（1）_____

（2）_____

（3）_____

（4）_____

2. 热情

（1）你此刻对什么事情感到最兴奋最有热情？

工作中：_____

生活中：_____

（2）列出你能表现更多热情的场景和交际场合。该怎么表达？（比如工作中和同事一起时，和配偶或伴侣在一起时，跟上司交谈时，等等。）

①_____

②_____

③_____

④_____

法则12：改变环境会深化彼此的关系。

有时如果你和一个人在新环境中相处，就会发生一些重大的事情改变你们之间的关系。本书中，作者讲述了花旗银行董事长詹姆斯·巴德里克的故事，他和一位客户一起出差，结果酒店遭到恐怖分子袭击，之后他们之间的关系发生了翻天覆地的改变。

你不必为了看到改变关系环境产生的积极效果就经历这么极端的场景，通过一些远比这个情况柔和的事情就足够了。

下面是一个例子：也许你会带一个客户去一座你们从没有去过的城市开会，然后花几个小时共进晚餐。你们更了解彼此，因为你们会聊一些平时不会说的话题，这种关系就会得到加强，加深并拓展——和你的客户花更多时间在办公室永远达不到这种效果。

改变环境也会深深地影响家人和朋友的关系，我和家人永远不会忘记我们在犹他州一起进行的一次为期9天的漂流旅行。其间非常险峻，我们遇到了和蜂鸟那样大的蚊子，还有蝎子和水蛇，在难以忍耐的高温下，身体疲惫不堪。但是今天我们想起这段旅行只有欢乐，它将我们联系在了一起，让我们关系更加紧密，因为它创造出了非常美妙的共同回忆。

通过实际练习运用这条法则。

练习3-6

改变环境就会改善关系

你是不是正在经历一段让你举足不前的人际关系？下面列出为了改善两个人的关系可以改变的环境，总共有两类关系，一类是工作上的关系，还有一类是个人生活的关系。

---

1. 工作关系（比如客户、潜在客户和生意伙伴等）

你想把这个人从办公室或者你们经常见面的地方领到哪里去？

（1）_____

（2）_____

（3）_____

2. 个人生活关系（比如配偶、伴侣、孩子、朋友等）

你想把这个人从办公室或者你们经常见面的地方领到哪里去？

（1）_____

（2）_____

（3）_____

第四部分：产生影响

"我怎样才能对他人产生持久的影响？"

你怎样真正地影响他人？事实上，当我们离开这个世界的时候，我们什么都带不走，留在身后的物质很快就会凋零。

然而，我们在关系中带来的影响，无论是对事还是对人都会留存下来，甚至可能影响子孙数代（如果对这一点不确定的话请阅读正文第二十六章）。

这一部分的7条法则和使用指南会帮助你拥有宝贵的财富，并在你周围人的身上产生深刻长久的影响。

帮助你产生影响的法则

法则4：你能送给他人最珍贵的礼物就是信任。

一位历史学家曾说，那些历史上最伟大的人物，养育他们的母亲都对他们有着强烈的信任。他列举了几个伟大人物，比尔·克林顿和道格拉斯·麦克阿瑟将军都有相似的背景，还有慈善家安德鲁·卡耐基。

其他很多人皆是如此，很让人吃惊吧?

显然，这不仅限于妈妈们，能有一个坚定不移相信你的人是一笔稀有而且伟大的财富。

年轻的甲壳虫乐队在成名之前，就遇到了一个深深信任他们的人，而且这个人还帮助他们取得了成功，他就是布赖恩·艾普斯坦，甲壳虫乐队的经纪人。"他们会比猫王更有名。"布赖恩对每个听众都信心十足地这么说。布赖恩不遗余力地为这支当时其貌不扬的乐队做宣传，终于好不容易给他们拿到一份唱片合约。事实是最后甲壳虫乐队确实比猫王还要出名，唱片的最终销量为14亿张。

给予他人鼓励并向他们展示他们能完成什么事情是一件珍贵又有影响力的大事，告诉他们："你终会成功。"无论前方有多少艰难险阻都要信任他们。

你身边的朋友、家人、同事，可能仅仅是因为你发自内心、一如既往又不求回报的信任就对他们产生了巨大的影响。

通过实际练习运用这条法则。

实际操作4-1

信任他人

列出3~4个因为你的信任而受益的人。

对方的姓名	你如何表达自己对他们的信任 （写下你想表达信任的话语或行动）
1. _____	
2. _____	
3. _____	
4. _____	

法则7：严肃的合作需要一定的关系作为基础。

也许下面的场景也曾发生在你的身上。有人跟你说想要和你做生意，他们忍不住就要开展合作了，表现得就像这桩生意已经存在一样！紧接着你花了一两周（或者更多）忙忙碌碌地满足他们的要求，结果这个机会莫名奇妙地夭折了，你得到的只是一个模糊不清的简短解释，有时连解释都没有。

收获真正的持久成果没有捷径，你需要一段关系作为基础，在生意场上确实如此，比如你在和客户进行合作的时候。如果某人仅仅是喜欢你写的文章或者你的书，或者听说过你身上的优点，这并不代表你们的关系足够牢固可以开展一段认真的合作。这条法则在我们的个人生活中也是适用的，一段婚姻如果仅仅是由美貌或者金钱促成，也不会长久。

　　你只是对你的产品、公司的品牌或者你的人格充满热情，不足以完成一桩生意或签订一份合约，你必须投入到建立充满信任的关系，这样的关系才能经受日后跌宕起伏的考验。

　　通过实际练习运用这条法则。

练习4-2

建立持久人际关系的基础

　　想想你正在寻求的一次约会，前提是需要一段牢固的关系奠定基础，理想的结果可能是跟客户或者顾客达成一次成功的买卖，投资人的一次大笔投资，或者建立其他生意伙伴关系。问问自己：必要的条件是否已经具备？完成下面的表格可以帮助你决定：

成就一段牢固人际关系的因素	用以下数字形容这段关系，你认同或不认同的程度有多大？（数字越大代表越认同）				
对方的名称（个人或者机构）：＿＿＿＿＿＿＿＿＿＿＿＿＿＿＿＿＿＿＿					
1.信任。双方互相信任并履行承诺，始终如一。	1	2	3	4	5
2.透明。信息和计划都会公开分享。	1	2	3	4	5
3.沟通。坦诚公开的交流已经建立，必要的时候能够频繁实现沟通。	1	2	3	4	5

成就一段牢固人际关系的因素	用以下数字形容这段关系，你认同或不认同的程度有多大?（数字越大代表越认同）				
4. 核心团队。涉及与你有合作的领域的重要讨论和决策时，你有话语权。	1	2	3	4	5
5. 忠诚。如果未来有参与／合作的机会，你们首先会想到彼此。	1	2	3	4	5
6. 喜欢。你们喜欢彼此而且能够欣赏对方的长处。	1	2	3	4	5

强大人际关系小贴士

你是受聘专家还是顾问?

专家思维	顾问思维
通常情况下	通常情况下
受雇于企业——凡事都"点头同意"	有"无私的独立性"——愿意说"不"
讲述并给出答案	提出好的问题并倾听
是专家	是各方面的资深专家,结合知识的深度和广度
擅长分析	宏观前景的思考者,擅长分析和整合
有可信度	建立生活中和事业上的信任
被动反应者	主动做要事设定
销售	创造一个购买者
关注交易	关注建立关系
思维比较狭窄	思维比较开阔

法则13：要及时告诉对方他们对你有多重要，不要等待。

你有没有遇到过一位好友或者身边有个亲戚对你来说意义重大？谁又以某种方式远离了你的生活？或许他们搬到了新的城市生活，你们的生活永远不会再有交集，又或者他们可能去世了。关键是你可能从来没有告诉过他们，他们曾在你的生活中有多么重要，他们对你产生过多少影响。现在，为时已晚。

想象一下如果你身边的人能亲耳听到你告诉他们，他们对你有多么重要，他们会因此获得多少快乐。几年前我的身上就发生过这样的事情，虽然只是一件小事，但我因此意识到公开地表达欣赏可以塑造牢固的关系。

一次我在进行公众演讲，然后一个与我年纪相仿的男人向我走来并做了自我介绍，我没认出他，他告诉我：

"你可能不记得我了，但是我们两个人上过同一所高中，我比你低一个年级。高一的时候我转学过来，说起来有些吓人，第一天上学时每个人都对我不理不睬的，特别是高二的学生。你当时也是高二的学生，但是你迎面向我走来还做了自我介绍，并欢迎我来到学校。其他所有二年级的学生实际上都在躲着我，你所做的事情让我在学校的一切发生了彻底转变，因为其他人看到了你在和我交朋友，我永远忘不了这一天，永远。"

听到这些我简直惊呆了，这是我做的一件非常小的事情，但是我高中时的朋友在40年后告诉了我，让我开始下定决心告诉周围人他们对我来说有多重要。

告诉他人他们对你来说有多特别，开启一段连锁反应。

通过实际练习运用这条法则。

练习4-3

谁在你的人生中很重要？

想想你人生中对你有过极重要影响的3~4个人，或者是某种程度上对你有积极影响的人，在下面的表格里列出这些人然后简单写下他们对你的意义。

姓　名	他们是如何影响、改变或者帮助你的？

法则14：事情无论大小，你总可以做些事情帮助身边的人。

本书中讲到了史蒂夫·法伊弗的故事。40年前一个炎热夏天的晚上，他位于新泽西州的房子处发生了一件事，这件事让他发现了父亲曾默默无闻地做出的一个举动，但这对于一个贫穷的单亲家庭的孩子来说是有非常重要意义的。史蒂芬之后拥有了非凡的事业，最近从世界上最大的律师事务所之一退休了。

他从来没有忘记父亲这个榜样，尤其是小时候他从寓言故事里学到的撒玛利亚人的善举。在这个寓言中，一个律师问耶稣："谁是我的邻人？"耶稣讲了一个故事，有一个人因为受到强盗的袭击而受伤，倒在去耶利哥的路边。两位位高权重的以色列人都从他身边路过走开了，而一个撒玛利亚人停下来帮助了这位受伤的人。现在的许多读者所不知道的是，当时以色列人痛恨撒玛利亚人，一个下等的撒玛利亚人竟成了故事里的英雄，这件事让那些听到耶稣讲道的人感到震惊同时内心矛盾。耶稣在此的观点是每个人都是你的邻舍，都值得帮助，而不仅仅只是帮助朋友、家人或者富人。史蒂芬把这个故事牢牢地记在心里，除了他辉煌的法律和商业事业，他的一生都在服务他人。

史蒂芬用简洁的语言给我们总结："我的父亲教会我，你总要寻找方法帮助你身边的人。即使是很小的事情，总有你可以做的，你身边总有人需要帮助。"

史蒂夫·法伊弗在他的一生中建立了强大的人际关系网，一句名言一直指导着他："得到多的人，要付出和给予的同样多。"能建立无可比拟的强大人际关系是他的能力的一部分。

通过实际练习运用这条法则。

练习4-4

谁会接受你的帮助？

你可以用很多不同的方式帮助别人，比如鼓励、赞扬、亲力亲为、倾听、金钱上的帮助，无偿贡献你的技能或才能等。现在有没有某个人或者某个机构需要你的帮助，把你的想法写在下方。

名称（个人或机构）	你能怎么帮助他们？

法则17：挖掘一个人最大的潜能，需要真相和关爱。

人们的行为通常走两个极端，要么说出全部真相，要么因为爱而隐瞒所有，这种极端行为会发生在政治领域、育儿和人际关系上，比如当今美国两个对立的政党，不会用二三十年前那种方式合作。相反他们现在互相诋毁并且拒绝合作，都是因为他们对待"真相"那种毫不妥协的态度。如果孩子们的成长中只有爱，这样下去的后果就是孩子长大以后，会变得有特权意识，沉浸在自我世界或完全不习惯只有努力工作才会变得卓越取得成就。与此相反，成长过程中只有"真相"的孩子可能会变得没有安全感，缺乏创造力，还会不愉快。

没有可以将真相和关爱调出黄金比例的神奇配方，有时某人需要的是不加修饰的反馈，针对他们表现的严格评判，以及一个坚定的方向，有时他们需要的是表扬、鼓励和无条件的支持。在你最重要的关系中，你需要两样都提供。但是记住，你需要对某人有投入——先跟对方建立信任并互相信赖，然后才能说出事实，对待客户、同事和朋友皆是如此。

通过实际练习运用这条法则。

练习4-5

真相和关爱

1. 你自己的风格

你关注的是关爱还是真相？你有没有经常关注他人孰对孰错？用

下方的表格评估自己：

成就一段牢固人际关系的因素	错误的方面			正确的方面
对你自己来说，你倾向于关注	1 2 3 4 5			
对于家人和朋友，你倾向于关注	1 2 3 4 5			
在工作中你倾向于关注	1 2 3 4 5			

启发思考的两个问题：你的答案给你什么提示？有没有你想改变的事情？

2. 对别人平衡真相和关爱

列出两个人的名字，一个是工作中的，一个是个人生活中的，你想和谁建立更好的关系？你在与他人相处时会如何改变真相和关爱之间的平衡？

姓名（生活中的）：

_____

我如何改变平衡：

_____

姓名（工作中的）：

_____

我如何改变平衡：

_____

法则21：无私的举动会搭建强大的纽带。

一次无私的举动会建立一段强大的关系，这会发生在双方对彼此并无所求的时候，单纯的动机绝对是建立关系最美好的催化剂。

如果你想到了这一点，这就是信任的精华。当你信任他人的时候，你会相信他们会越过艰险来找你，你会感到他们会满足你对他们的期待。双方都能专注于帮助对方完成对彼此很重要的事情时，这段关系就会开花结果。

待在那些目的单纯的人身边是很激励人的，他们会不计代价无私地给予和付出，很多文化里的英雄都完全会那样做。想想乔治·华盛顿，拒绝加冕称帝，而且在总统连任的时候主动让出位置，因此奠定了新时期美国民主的坚实基础。想想当选南非总统之后跟对手合作废除南非种族隔离制度的尼尔森·曼德拉，他在监狱中度过了27年的时光。

无私的举动确实非常难得，它会让你与众不同。

通过实际练习运用这条法则。

练习4-6

避免混淆信息

1. 你是否有过矛盾的动机

　　你能回想起曾经有过的互相矛盾或相反的动机吗？也许你只是在帮助别人的伪装下达到自己的一个目标。也许你尝试劝服一个客户购买你的产品，或多或少是出于自己的需要而不是客户的需要。把类似的例子写在下方。

_____

2. 分辨清楚是当下的一次认真的投入还是一次交易

　　想想当下发生的一次工作上的事务，比如你是在试图向客户进行推销，劝服上司接受一份议案，征求一位主要捐赠人的捐赠，等等。在下方列出他人的目标或者需要：

（1）_____

（2）_____

（3）_____

　　要重新关注那些目标和需要，你能做些什么？你能采取哪些具体行动？比如通过提出更好的问题搞清楚对方的需求，改变你对待他们的方式，调整你的期待，重新定义你的解决方案等。

（1）_____

（2）_____

（3）_____

法则26：每个慷慨的举动都会产生连锁反应。

本书里有一章讲述了理查德·哥德巴赫的故事，一天在一个漆黑而且空无一人的停车场里，他遇到一个奇怪的男子，理查德觉得自己遇到抢劫犯了。但那个男人等在那里并不是出于这个动机，这一切都跟理查德之前在当地社区资助的一个教育项目有关。

理查德给我们讲述这个故事的时候，几度哽咽，他直接地感受到了慷慨带来的连锁反应。

没有什么方法可以让你知道自己参与一个项目或者和一个人的交往会带来何种对他人产生影响的连锁反应，但是交际圈子会不断扩大，几十人，几百人，甚至更多。当你帮助他人的时候，你最终会接触很多人的生活。最近新闻报道了一个故事，波兰乡村的一个天主教家庭在纳粹占领期间，一直藏在当地一个犹太家庭的谷仓里，两年后这家人为了保护犹太人献出了一家人的生命。现在，过了将近70年，获救的犹太人家庭的后代年事已高，他们在寻找救过他们命的这个波兰家庭幸存的家人。他们甚至帮这位后裔安排了从波兰到美国的行程，来见最终因这个波兰家庭的慷慨而受益的四代人。谈谈连锁反应吧。

理查德·哥德巴赫是非常幸运的，可以亲自见证他的慷慨带来的影响，然而通常情况下我们是看不到的，但是不要灰心，你带来的连锁反应可能是因为波长太长才看不到的。

你产生的影响比你想象的要大得多，尽管很多时候都没像你期待的那样明显。

通过实际练习运用这条法则。

练习4-7
制造连锁反应

花几分钟思考一下你的慷慨行为是如何产生影响或者能够影响他人前进的。

1.你现在在做什么?

今天你通过自己的慷慨行为带来了什么连锁反应?这可能包括金钱方面、关系方面、时间方面等。在下面的空格里填上内容。

(1)_____

(2)_____

(3)_____

(4)_____

2.你的慷慨行为在未来会给你的人际关系带来什么好处?

姓名	你在哪些方面表现出的慷慨会让这个人获益?
工作中的关系 姓名:_____	
生活中的关系 姓名:_____	